小而美

赚钱法则

李妥◎主编

北方妇女儿童出版社

·长春·

图书在版编目（CIP）数据

小而美：赚钱法则 / 李妥主编 . -- 长春：北方妇女儿童出版社 , 2025. 3. -- ISBN 978-7-5585-9291-1

Ⅰ . F241.4-62

中国国家版本馆 CIP 数据核字第 2025SM8667 号

小而美：赚钱法则
XIAOERMEI : ZHUANQIAN FAZE

出　版　人	师晓晖
责任编辑	袁铨
装帧设计	紫英轩文化
开　　本	880mm×1230mm　1/32
印　　张	6
字　　数	126 千字
版　　次	2025 年 3 月　第 1 版
印　　次	2025 年 3 月　第 1 次印刷
印　　刷	天津泰宇印务有限公司
出　　版	北方妇女儿童出版社
发　　行	北方妇女儿童出版社
地　　址	长春市福祉大路 5788 号
电　　话	总编办：0431-81629600

定　　价　59.80 元

在传统的创业观念中，"大而强"是大多数人的追求。然而，在当下的"精致生活"时代，"小而美"已成为创业的新方向。这本书正是为那些想要轻装上阵、灵活经营、实现高效获利的创业者而写，助力创业者轻松打造自己"小而美的公司"。

"小而美"并非"简化版"，它更具深意。创业者是把目光聚焦于自己的核心优势，不断打磨产品、优化服务，运用独特的创意和灵活的策略，吸引并深度连接精准客户。这种模式的特点在于简化流程、专注实效、灵活应对变化，让创业者更从容地掌控企业，避免因规模扩大而陷入复杂境地。

在《小而美：赚钱法则》中，你会看到创业的思维准备，从项目启动到客户开发、产品优化的操作方法等多个方面的指导。例如，"利基市场"的概念鼓励创业者寻找独特的市场机会，而非盲目扩张。这样的市场虽然往往规模较小，潜力却很大，能帮助小微企业快速积累忠实客户。"流程简化"和"高效定价"等方法能够有效提升小型企业的盈利能力，让小规模的运作产生大效益。

创始人在起步阶段或许会因为资源、资金和人力等限制感到束手束脚，"小而美"理念正是对这些客观限制提出的应对之道。在有限的资源条件下，你可以通过合理的定价策略、借力工具和数据分析等方式实现精细化管理，同时保持对市场的敏锐洞察和灵活应对。这既能帮助创业者迅速验证市场需求，又能以较低的成本规避风险，贴合了当下的创业之道。

创业并非一时的冲刺，而是一场持久战。心理指导章节中指出的"自律""情绪管理"与"情商沟通"等心态准备至关重要。创业者要学会释放压力、平衡自我，这样才能在变幻莫测的市场中持续前行，稳步前进。

《小而美：赚钱法则》是一份创业指南，更是一种生活态度。以极简主义思维开启创业之旅，会让自己的才华得到最大限度的释放和变现。希望本书能为你的创业带来启发，帮你在"小而美"的世界中创造属于自己的商业传奇。

目 录
CONTENTS

第四章　客户从哪里来

第五章　极简法产品开发

第八章 创业心理准备

第九章 "小而美"创业避坑指南

第一章

"小而美"，青年人必会的赚钱法则

随着"35岁危机"的困扰、职场天花板的迫近……越来越多的人开始思考：除了朝九晚五的工作，我们是否还有别的选择？在数字化、互联网深度渗透的时代，创业的门槛从未如此之低，机会也随之而来。

面对"回不去"与 "留不下"的突围之路

家乡温暖，机会却有限；大城市繁华，却难容身。面对"回不去"与"留不下"的尴尬境遇，很多人在寻求一条突围之路。

"回不去"的过往

家乡是熟悉的街道、朴实的亲人、朋友间的惬意小聚……可回到家并非踏进舒适圈。对大多数人来说，家乡的资源有限，产业相对单一，工作收入偏低，不是理想的就业选择。

传统行业正经历前所未有的转型升级，曾让我们引以为傲的专业技能在新技术面前已优势不再。

随着年龄的增长，中年危机日渐显现。在这种情况下，走按部就班的职业发展道路已然不太现实。

朝九晚五的固定工作制被弹性工作制取代，终身雇佣制被项目替代制取代。你必须接受一个事实：职业生涯将是一个不断学习、不断调整的过程。

"留不下"的现在

大城市有着无限可能，但也要付出高昂的生活成本，要面对更大的压力。房价、医疗、教育等刚性支出不断增加，你会发现，就算省吃俭用也难在一线城市立足。这里竞争激烈，许多行业已经高度饱和。新人带着最新的知识结构和技能不断涌入职场，而且性价比更高。

你可能担心：如果公司裁员我该去哪儿？如果这个行业衰落或被市场淘汰了，我的技能及经验还有价值吗？这种不安全感让越来越多的人暗暗下定决心——与其被动等待，不如主动出击。

当你面对这些不可避免的压力时，创业成了一种"破局"的选择。你不再依赖别人给的工作机会，而是自己给自己创造价值。你可以更灵活地安排时间，把更多精力投入让你感兴趣的事情上。

新兴创业环境的崛起

在"回不去"与"留不下"的时代背景下，创业似乎成了不得不考虑的选择，它让你重塑自我，在新的跑道上追求财富积累、实现自我价值和对未来的掌控。

站在这个角度看，你会发现新的机会正在涌现。创业可以从小规模开始，可以和志趣相投的伙伴一起探索。关键是要认识到：在这个"回不去"又"留不下"的时代，掌握创业思维和能力已经成为一项必备的生存技能。

这个时代给了我们挑战，也给了我们机会。当你不能回头，又面临就业危机时，或许创业是你开启人生新篇章的最佳选择。

科技发展铺就创业捷径

传统创业需要大量的启动资金，租门面、购置设备、招聘员工……但现在，数字化技术的普及彻底改变了这一切。如果你有创意、有热情，科技将为你铺就一条创业捷径。

低成本试错，让创业轻松开启

过去，开设一家实体店需要投入大量资金和人力，风险极大；现在，你可以通过搭建一个电商店铺或发布创意内容来试探市场需求。这种轻量化的创业方式大大降低了成本，让你有机会快速验证自己的商业模式。

社交媒体、内容平台、电商渠道可以帮你精准地触达目标用户。你只需一部手机、一个账号，就能开始你的市场测试。你可以通过持续的内容运营，逐步建立自己的用户基础，省去大量的推广费用。

技术赋能，提升个人创业能力

在科技的加持下，哪怕没有专业团队，你也能创业。无论是财务管理、客户关系还是产品设计，很多原本复杂的任务可以通过各种数字化工具高效完成。比如自动化的客服系统可以处理基础咨询，在线支付系统让收款变得简单，云服务让你不必自建IT系统。你完全可以用小规模的团队，甚至一个人，就把业务运转起来。

更重要的是，你可以通过数据分析工具，实时了解市场反馈，快速调整经营策略。这种"小步快跑"的方式大大降低了成本。

全球市场与本地机会并存

除了本地创业，科技也能助力你开拓全球市场。跨境电商、远程服务等模式可以让你在全球范围内寻找客户，扩大市场规模。

可以说，科技的普及让"想创业就创业"不再是空想。不管你是想做本土生意还是出海，科技都能让你灵活应对不同的市场需求和文化差异，让创业变得更加开放和多元，创造了更多可能。

通过灵活运用数字化工具、数据分析和平台资源，你可以迅速将创意转化为产品或服务。这个科技驱动的时代为创业者创造了前所未有的机遇。

创业实现自我价值

自我价值是一个人自尊、自信、自我认可的心理追求。创业是实现自我价值的方式之一。

我的生活我做主

在传统职场中，你可能会有无力或无奈的感觉。繁重的任务挤占了你的业余时间，错过孩子的成长时刻，有限的权限束缚了你的创新想法……这些会让你感慨无法掌控自己的人生。

创业恰好给了你另一种可能。当你成为老板，你可以自主规划时间，可以决定什么时候工作，如何工作；你可以根据自己的价值观来制定企业文化，按照自己的想法来开发产品。这种自主权是幸福感的重要来源之一。当然，这种自由也是有条件的。你的每个决定都要对团队负责，对客户负责，这反而会让你更加珍惜这份自由，更加审慎地运营公司、规划未来。

自我价值实现的变现需求

自我价值实现的情感满足并不足以支撑理想的生活，还需要把自我价值转化为收入，也就是"变现"。这种变现是为了经济上的稳定，也是为了能够支持你持续追求个人价值。

在创业过程中，你的收入直接与创造的价值挂钩。如果你能不断提供有价值的产品或服务，你的收益就能得到保证和增长。这种经济回报是对你努力的肯定，让你在追求自由和幸福的路上保持财务上的独立。

创业中的"自我价值实现"

在传统的工作环境中，既定的公司战略难以改变，这限制着你的创意发挥。创业则可以让你的创意和想法付诸实践，通过市场反馈及时验证可行性，不必经过层层审批。

在创业过程中，你的所作所为会直接影响企业的成长和发展。你可以在自己的掌控下逐渐接近自己的目标。这种相对自由的才华施展平台能满足自我价值实现的需求，让你在创业过程中体会成就感，感受一次次成功后的幸福。

成长与挑战

在创业过程中，你会遇到多重挑战，如市场的不确定性、经营的压力、初期收入的不稳定等。你要适应不同的角色，比如管理者、销售员，甚至客服，亲力亲为地推进业务。这些挑战能让你在创业过程中获得宝贵的经验，学会如何解决问题、如何快速应对市场变化，逐渐增强自己的韧性和适应能力。

与此同时，创业会让你积累更多领域的资源和人脉。你会发现，每一个与创业相关的机会都可能成为你前行的助力。你所建立的人脉将成为事业发展的支撑。这种多方面的成长，让你在个人素质、思维广度、抗压能力方面不断得到提升，最终实现自我价值。

从创业中实现"幸福"与"自由"

创业中的每一个决策的实施、每一个项目的成功都会带给你更深层次的满足感。因为这是你自己选择的事业，你在其中投入的每一份精力都是真实的。

在创业过程中，你还可以根据实际情况调整工作节奏，灵活安排工作时间，不必局限于朝九晚五的工作模式。随着事业逐渐稳固，你能够更自如地规划生活，实现真正意义上的"幸福"与"自由"。

对你来说，创业既是一次职业选择，又是一种生活方式的选择。它让你有机会把热爱和才能转化为实际收入，让你在追求自我价值的同时，实现财务上的独立。

极简主义下的"小而美"选择

在这个快节奏的社会中，极简主义悄然成为一种生活新风尚。它不仅是一种设计风格，还是一种生活态度，一种追求简单、高效、自由的哲学。

什么是极简主义

在20世纪70年代的美国，一些人开始追求一种新的生活方式——用最少的开销获得最大的幸福感。这些人被称为"自愿简约者"。他们通过精简物品、修补旧物，在节省生活成本的同时为自己创造更多的空间，去追求那些非物质的、更深层次的满足和生活的意义。在这个背景下，极简主义被视为自愿简约运动的延伸。

极简主义者通过减少购买、减少添置新物品而使用和维护已有物品来践行他们的生活方式，这是对过度消费和物质主义的一种抵制。极简主义这个词涵盖了一系列相关的生活实践，如自愿简约运动、简单生活和整理运动等。它把对消费的

> 极简主义不仅是一种生活的选择！

克制转化为一种自我发展和满足的方式，追求理性和美好的生活。极简主义已经变得越来越时尚和流行，成了一种更加自主和个性化的生活选择。

从"断舍离"的生活哲学到"精简设计"的美学潮流，极简主义在快节奏的生活里影响着我们的方方面面。在信息膨胀的时代，越来越多的人渴望回归本真，聚焦于真正重要的事。

从"多而杂"到"少而精"

信息的碎片化让人们感到疲惫，更难以集中精力做事。人们开始反思繁杂、过剩的东西，去寻求一种精简、务实的生活方式。你的身边一定有人选择极简生活：清理多余的物品、减少无谓的社交，甚至放弃不必要的开支，去追求更少但更有质量的体验。

这种生活方式的转变同样影响了消费市场。消费者不再一味追求"多"，而倾向于"精"。他们希望买到对自己真正有价值的产品，而非冗余品。对创业者来说，这意味着一种新的市场机会：当大企业依然在大量生产、铺天盖地地推销产品时，小微企业可以聚焦特定用户需求，提供高质量和有意义的产品。

极简主义商业：专注于价值的最大化

极简主义商业强调去除一切不必要的元素，以有限的资源实现价值的最大化。当然，这并不是要牺牲服务质量或削减价值，而是要去除冗余，直接满足客户的核心需求。你会发现，这种策略既能节约成本，又能让企业更加灵活，快速响应市场需求。

第二章

什么是"小而美"

"小而美"并非规模的局限，而是一种更聪明、更灵活的经营之道。它强调以最少的成本获取最大的效益，用最优的结构实现最佳的运营，通过最精准的定位服务最适合的客户群体。这是一种商业模式的选择，也是一种人生态度的表达。

创意+行动力="小而美"创业

比起规模庞大的公司，"小而美"的企业更加灵活、专注，能够独辟蹊径找到自己的市场。在这个过程中，创意和行动力是不可或缺的要素。若你有一个独特的想法以及拥有把想法付诸实践的勇气和毅力，你便可以开启"小而美"的创业之路。

创意：为创业注入灵魂

在庞大的市场中，总有一些被忽略的小众需求等待被满足。你可以从这些细分市场中找到机会。也许在现有的市场中，消费者已经有了很多选择，但这些选择未必完全符合某些人的需求。通过仔细观察和分析市场，你可以找到被忽视的细微需求，将其作为你创意的切入点。

有人发现独居老人对新鲜蔬菜的需求，开始了专门的小份配菜服务；有人注意到都市白领想养宠物却没时间照顾的需求，便开发出一套智能宠物照护系统。可以说，创意是创业的起点，它是驱动市场、吸引客户的核心力量。无论是产品的独特性、服务的创新性，还是品牌的表达方式，都可以成为你赢得顾客青睐的关键。

行动力：把创意落地的关键

创意只是开始，真正让它开花结果的是你的行动力。你要敢于走出舒适区，把创意转化为实际成果。行动力的背后是坚持与毅力，你要在挫折中不断调整方向，持续推进。

在这个过程中，你还要不断根据市场反馈调整和优化产品或服务。"小而美"的企业有灵活性的优势，你可以在产品推出后，积极与客户互动，收集客户反馈，不断改进和优化，确保你的产品始终贴近市场需求。这种踏实推进的方式可以让你的创业项目更稳固，且能迅速赢得顾客的好感。

创意与行动力的融合：亮出你自己

当你拥有一个独特的创意，并坚定地将它一步步落实，你的创业项目终会被看见。在激烈的市场中，"小而美"的项目不需要巨大的资本投入，只要能够精准定位、突出特色，就能吸引一批忠实的顾客。

专注核心价值，深耕小众市场

"小而美"的创业项目深耕于某个小众领域。你可以从自己熟悉的领域或兴趣中挖掘商机，找到特定群体的痛点和需求。假如你热爱环保，就可以开发可持续的生活用品去打动有环保意识的消费者。专注于某个细分市场，有助于提高产品质量和服务的专业度。

创新与灵活：在变化中求得生存

"小而美"创业的显著优势是创新与灵活性。你可以不断尝试新的创意和模式，根据市场变化灵活调整业务方向。在这个快速变化的时代，你要通过不断的创新和优化，让自己的产品始终符合市场需求，保持竞争力。

创业并不一定要追求规模，"小而美"的创业模式通过创意+行动力，就能利用有限的资源创造出独具特色的品牌和产品。在这个过程中，创意为你的创业注入灵魂，使项目充满个性与吸引力；行动力是让创意落地的驱动力，带你从理想奔赴现实。

无论是聚焦细分市场、建立创意品牌，还是灵活调整产品和服务，只要敢于实践并踏实推进，每一个微小的进步都将助你在创业路上走得更加坚定。

小而美，盈利模式的创新

　　你不必通过追求"大而强"来获得成功，"小而美"的盈利模式已经展现出了独特的优势，以"专注、个性化和高效"的特点，成为一种新兴的盈利方式。对资源有限的小微创业者来说，它既能实现盈利，又能提供可持续的增长空间。

为什么"小而美"是一种创新

　　传统的商业思维往往认为，企业必须不断扩大规模才能获得成功。这种"大就是好"的观念正面临新的商业现实挑战。消费者的需求变得更加多样化、个性化；而"小而美"盈利模式的创新之处在于它深耕细分市场，以提供独特的产品和服务为目标。这种创新打破了传统的市场定位方式，带来了更加灵活、可持续的发展模式。

　　"小而美"模式的创新体现在以下三个方面。

　　目标清晰：你不必覆盖所有客户，只需通过精准的市场定位，找到自己可以深耕的细分领域。例如，你可以专注于知识付费、个性

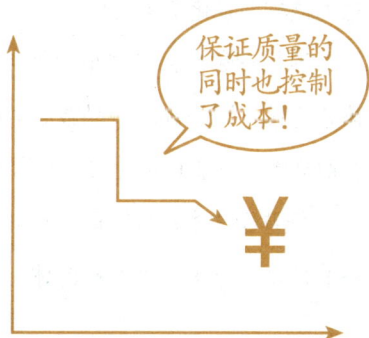

保证质量的同时也控制了成本！

化手工艺品或特定领域的服务需求，通过独特的产品和体验牢牢抓住特定客户群体。

成本更低：相较于传统的"大而强"模式，"小而美"在成本控制上具有天然的优势，聚焦于一个小众领域，减少了运营和营销费用的支出。

灵活调整：在快速变动的市场环境中，灵活性是生存的关键，你可以比大企业更快地推出新品、测试市场反馈并优化产品。

如何定义"小而美"的盈利模式

"小而美"不仅意味着小规模的运作，还代表了一种精细化的盈利思维。你的目标是通过精心设计的商业模式，在小范围内获得高利润。通过集中资源服务特定市场，你能够提供独具特色的产品，建立起自己的品牌。

"小而美"盈利模式具有以下特点。

高溢价能力：由于你的产品或服务具备独特性和高附加值，消费者更愿意为此支付溢价。例如，一些手工艺品、环保产品或个性化的设计品，可能你的定价较高，但因其满足了特定用户的需求，他们愿意为这种差异化买单。

高用户黏性：在"小而美"模式中，你更容易与客户建立深层的情感连接，因为你的产品或服务往往是根据特定需求而设计的，消费者对你的品牌忠诚度更高，会因为对品牌的认同而不断回购。

低营销成本：你可以利用社交媒体、线上社区和自媒体平台进行精准营销，直接触达目标群体。比起大规模的广告投入，精准的营销方式不但能降低你的成本，而且效果显著。

"小而美"盈利模式的优势

"小而美"模式让你在大企业的夹缝中找到自己的生存空间，它具备许多独特的优势。

避免激烈竞争：在细分市场，你可以避开大企业的激烈竞争，在小范围内开拓出市场。因为你的产品和服务具有独特性和专属性，进入这一市场的竞争者相对较少。

盈利更稳健："小而美"模式往往以较低的成本获取更高利润。你可以通过精准营销、低运营成本和高溢价来实现盈利，让小微企业保持健康的现金流。

成长潜力大：一旦你的品牌在小众市场中获得了认可，未来可以逐渐拓展到相邻的细分市场，让企业获得持续发展。

"小而美"盈利模式是一种创新，它重新定义了小微企业的成功标准。通过聚焦细分市场、深挖独特价值，帮助你在有限的资源下打造独特的产品。依托精准的市场定位、低成本的营销手段和灵活的调整能力，让企业在复杂的市场环境中保持竞争力。这种模式有效降低了创业的风险，提高了盈利的稳定性。

流程简化，盈利更高效

在工作中，你是否曾有流程过于复杂、效率难以提升的经历？其实，使盈利更高效的关键就在于简化你的业务流程。

"小而美"让盈利更高效

大型企业在面对广阔市场的同时，资源的浪费和效率低下的问题也随之而来。而"小而美"模式只需围绕核心业务，从简出发，逐步优化流程，即可实现稳步发展。

如果你打算进入餐饮行业，传统的餐厅需要涵盖多种菜系、广泛的客户群体以及复杂的厨房流程，而"小而美"的餐饮模式可能只需专注于某一特色餐品，通过外卖或小型线下店运营。这样不仅降低了菜单选择的复杂度，还提升了制作效率，更快地把产品送达。

"小而美"便于你更好地理解用户需求，以精简的流程与优质的体验赢得忠实客户，让你在提供高品质服务的同时，以更小的成本获得更高的盈利。

流程简化带来的运营优势

在"小而美"的业务中，你无须建立复杂的供应链、管理繁杂的库存或处理繁重的日常事务。精简的流程让你减少错误和浪费，快速响应市场变化。这种快速反应的能力，让你以更低的成本进行调整和优化，保持企业的竞争力。

如果你是一位独立设计师，专注于某类风格的设计服务，那么简化客户需求的沟通、减少设计中的反复修改等，可以帮你节省大量时间。在这种模式下，你能用有限的精力和资源完成更多项目，实现高效率的盈利。

灵活管理带来的高效决策

在"小而美"的模式中，你可能同时扮演多个角色，从管理到执行，从客户服务到市场推广，但这种"一人多能"的模式为你节省了人力成本，也让你的决策链更短，能够第一时间察觉到市场的变化，迅速做出调整。

你可以依靠市场反馈迅速改进产品或服务，不断完善业务模式，这种敏捷和灵活的特质，可使你在小规模中依然保持较强的市场适应能力。灵活管理能让你把资源更集中地投入最重要的事情上，从而提高整体盈利效率。

客户体验是"小而美"盈利模式的核心

客户体验是"小而美"模式中不可忽视的一环，你可以根据客户的反馈不断改进服务，实现个性化的客户体验。与大公司相比，小微企业可能没有雄厚的资金投入，但你的灵活和贴心服务却能够让客户产生归属感。这不仅增加了回头客，还让客户更愿意推荐你的产品和服务，形成良好的口碑传播效应。

如果你经营一家手作饰品店，可以在每个订单中附上手写感谢卡，或者提供定制化包装。这种人性化的小细节能够让客户感到被重视和关心，从而更愿意支持你的品牌。在"小而美"的创业模式中，客户体验和忠诚度会成为你重要的竞争优势。

"小而美"让盈利变得更加可持续

通过简化流程、聚焦核心需求，你的每一步发展都可以有条不紊地推进，不会因为复杂的流程或庞大的成本而造成资金压力。在市场动荡或需求变化时，你也能灵活调整业务，适应市场，保持盈利的可持续性。

创业的本质在于满足市场需求，"小而美"模式则在简化流程的同时帮助你更好地实现这一目标。只要专注、用心、灵活应对，你也可以在这条道路上实现盈利增长，为你的创业梦想铺平道路。

第三章

启动一人企业

不论你是生产实体产品、在线授课还是销售软件，消费者都可以直接购买，无须消耗大量时间。这对于一人企业来说，消费者可以不断增加，企业能够持续盈利。

明确核心业务，实现价值转化

在创业过程中，首先要明确一个关键问题：什么才是你的核心业务？答案当然潜藏在客户的真实需求中。如何明确核心业务并高效实现价值转化呢？对你来说，明确核心业务首先要梳理你的业务项目，找出能够创造最高价值的部分。这能够帮你把注意力集中在最重要的地方，而不会因追求多样化而导致资源分散。

什么是核心业务？为什么你需要聚焦

很多小微企业在创业初期会尝试涉足多个领域，但很快发现这样做只会让自己疲于奔命。你需要问自己：什么业务是你真正擅长的？你的客户最需要哪些产品或服务？只有明确这些，你的业务才能在后续每个阶段实现清晰定位。

如果你经营一家手工甜点店，你需要准备提供蛋糕、饼干、饮品等多种产品。但在试营业阶段，你发现客户更偏爱你家特制的乳酪蛋糕并频繁下单。这就意味着，你可以把重点放在乳酪蛋糕上，更精细地完善口味和包装设计，进一步提升客户体验，将乳酪蛋糕作为你的主打产品之一。

找到客户的真实需求，打造核心业务

在明确核心业务之前，你需要深入了解客户的需求，通过市场调研、客户反馈等方式，去探究客户痛点，分析市场空缺。关键在于精准把握客户的真实需求并将其转化为你的业务优势。

客户调研是一个有效的方法。你可以设计简短的问卷，发放给现有客户，让他们选择自己时常购买或推荐的产品；或者通过社交媒体平台与客户互动，直接获取客户反馈。

此外，你可以通过观察行业趋势来捕捉客户需求。例如，健康饮食逐渐成为趋势，那么在手工甜点的研发上，你可以考虑推出低糖、低脂的品类，以更贴合市场需求。

量化你的核心业务，实现聚焦与资源优化

找到核心业务后，你要明确如何实现聚焦。资源优化是很重要的一步，因为小微企业通常资源有限，你的目标是把有限的资源用在最能创造价值的地方。

量化核心业务。通过数据分析，你可以清楚地了解每一个业务的盈利能力，如计算产品的毛利润率、获客成本等。这样，你会更加清楚什么产品真正带来了价值，哪些则可以优化甚至舍弃。

资源优化是对你的时间、资金、人员等资源进行合理分配。例如，你可以加大核心产品的宣传投入力度，把资金集中用于生产设备的升级或员工培训，让产品品质更高或服务体验更佳。专注于资源优化会让你的业务更具持续性，让你能够专注于高价值项目，避免因分散的业务模式导致资源浪费。

创造独特的客户体验

明确核心业务后，你需要专注于客户体验。与客户保持密切的联系，通过个性化的服务或产品让客户感受到你的独特价值，从而提升客户忠诚度。

你可以通过跟踪客户的反馈来调整和优化产品。对小微企业而言，这种迅速的市场响应能力是一种宝贵的资源，不断改进客户体验会让你的核心业务更具竞争力，增强客户黏性，实现盈利增长。

实现价值转化，稳步提升企业盈利能力

实现价值转化，逐步提升企业盈利能力是最终目的。小微企业的盈利关键在于让核心业务有可持续的收入增长，并实现价值最大化。

你可以利用增值服务来增加收入。例如，在核心产品之外提供升级版服务或会员制，让客户享受更加定制化的体验；或通过为现有客户推荐相关产品或服务来提升客单价，实现盈利的持续增长。

在创业旅程中，明确核心业务、实现高效的价值转化是你迈向成功的基础。通过聚焦于客户需求、简化资源投入和提升客户体验，你可以在市场竞争中找到属于你的定位。通过清晰的核心业务布局，稳步实现价值转化，这不仅能在资源有限的情况下获得回报，还能为客户带来切实的价值体验。这是企业的成功，更是你实现自我价值的重要一步。

最小可执行策略，让创意先起飞

你是否常常心怀一堆想法，却不知从何开始实施？或是构思了一个兴奋的项目，却因细节问题迟迟没有行动？事实上，我们可以搞个最小可执行策略，让创意先起飞。

理解"最小可执行"

"最小可执行"这个概念来源于创业领域，通常被称为最小可行产品（Minimum Viable Product，MVP），就是用最少的时间和资源构建的一个具有基本功能、可以满足早期用户需求的产品原型。想象一下，如果你正在开发一款新的手机应用程序，最初版本可能只是一个基本的功能框架，能够展示核心价值，而不是一个功能完备的复杂系统。

你想开发一个帮人们记录饮食习惯的应用程序，你的"最小可执行"版本可能只需要一个简单的界面，允许用户输入食物名称和数量，然后记下他们的饮食。这款应用程序不需要一开始就具备复杂的分析功能或社交分享选项。

快速行动，获取反馈，迭代改进

了解"最小可执行"的概念后，下一步就是快速行动，启动的第一步是最重要的。

快速行动的好处在于，你能更早地接触到用户，获取真实的反馈。例如，在开发饮食记录应用程序的早期阶段，你可能会发现用户希望能快速输入食物信息。这个反馈会促使你在后续版本中不断加入新功能，对产品进行优化。

随着新产品和服务的推出，你会进入迭代和优化的循环。这个过程会让你逐渐接近用户的真实需求，确保产品能够在市场中立足。

保持灵活性

在商业的舞台上，保持灵活性至关重要。市场需求和用户偏好就像变幻莫测的天气，始终处于动态变化之中。这就意味着我们必须时刻做好调整策略和产品方向的准备。

在实际的运营过程中，如果察觉到某个功能不受用户待见，或者市场对这个功能的需求寥寥无几，那就要当机立断，考虑对其进行调整，甚至直接舍弃。因为一个不被市场认可的功能，不仅会浪费资源，还可能影响用户对产品的整体体验。

与此同时，密切关注竞争对手的动态是必不可少的。了解市场的最新趋势，能让我们在面对各种情况时迅速做出反应，并且更加有效。比如说，当我们发现市场上出现了新的饮食记录应用程序，而自己的产品却出现了用户流失的情况，我们不能惊慌失措，而是应该冷静下来，仔细分析这个新程序的优势究竟在哪里，是它的界面更加友好，还是功能更加实用，或者是它有独特的营销手段？通过深入分析，我们可以根据这些优势来调整自己的策略，从而更好地满足用户的需求。

无论你的创意多么别出心裁，行动永远都是关键。通过最小可执行的策略，你的创意能够迅速在市场上崭露头角，然后在实践的过程中不断完善，逐步接近自己的目标。不要害怕失败，因为失败是成功之母。勇敢地向前迈进，你会发现，创业就像一场充满刺激和惊喜的冒险之旅。在这个过程中，我们会遇到各种各样的挑战。但也正是这些挑战让我们不断成长，不断进步。只有保持灵活性，我们才能在这场冒险中走得更远，飞得更高。

完善业务模式，价值创造再调整

在创业过程中，最初的业务模式有时并不能完全适应市场的变化。因为消费者的需求、竞争对手的策略以及行业环境都在不断变化，这就要求你不断调整和完善这个模式。如何在不断变化的市场中完善业务模式，实现价值创造？

理解业务模式的核心

业务模式就如同企业在商业战场上的超级武器，是创造、传递和获取价值的关键途径。它不仅包括产品和服务，还涵盖目标客户、市场策略、收入来源以及成本结构等多个方面。一个成功的业务模式能够有效地满足客户需求，同时又能确保企业的盈利能力。

你需要明确自己的价值主张——你为客户提供了什么，解决了他们的什么问题。这个价值主张就如同导航仪，指引你后续的所有决策，让你在商业之路上"一路狂飙"，为企业的辉煌未来奠定坚实基础。

定期评估市场需求

消费者的需求和偏好在不断变化，你可以通过市场调研、客户反馈、竞争对手分析等方式来收集相关信息。假设你经营一家在线教育平台，起初提供的课程以传统学科为主。可随着市场对技能培训需求的提高，你发现许多用户希望加大课程难度或学习新技能。这时，你就需要调整课程设置，以满足用户的新需求。

灵活应对竞争环境

在商业竞争中，你的对手往往会采取不同的策略来吸引客户。你需要时刻关注竞争环境，并及时根据对手的动向做出反应。比如，你可以分析竞争对手的产品定价、市场推广策略和服务，找出自己的差异化优势。在一个快速发展的市场中，能够灵活调整策略的企业更有可能获得成功。

数据驱动的决策

数据分析是完善业务模式的重要工具。通过收集和分析用户行为数据、销售数据及市场趋势，你可以清楚地了解业务的运行状况，从而作出科学的决策。例如，美国知名流媒体平台Netflix（奈飞公司）在推出原创剧集《纸牌屋》后，利用用户观看习惯的数据分析，不断推出受欢迎的视频内容。这是了解观众的偏好并根据数据制定节目的一种策略，帮助奈飞公司巩固了市场地位，实现了价值的持续创造。

持续创新与改进

完善业务模式绝非一蹴而就的，而是一个持续的过程。正如一位名人所说："我不是以一个人做了什么来判断他的价值，而是以他尝试去做什么来判断。"

在这个过程中，创新乃是关键所在。我们需要持续探索新的业务机会，大胆尝试新的产品或服务，以保持市场竞争力。众多成功企业都在不断推陈出新，以此来吸引客户的目光。在此过程中，企业要充分利用客户的反馈以及市场研究来指引创新的方向。

同时要积极鼓励团队成员提出新想法，打造开放且充满创新活力的企业文化。因为市场永远处于变化之中，只有始终保持开放的心态和勇于尝试的精神，我们才能更好地适应市场变化，创造出更大的价值。

合理定价，定价定天下

　　定价是影响企业成功的关键因素之一，关乎着整个企业的成本和利润，也涉及市场竞争、客户需求以及品牌定位等多重因素。许多创业者被定价问题困扰——定价太高，担心客户流失；定价太低，又难以实现利润。

理解定价的意义

　　定价是将产品或服务的价值转化为金钱的过程，也是企业与客户沟通的桥梁。合理的定价策略能够向客户传达产品的价值。找到一个合适的价格点，对于产品的市场表现至关重要。

成本分析与利润计算

　　在设定价格之前，你需要进行详细的成本分析，了解你的固定成本和变动成本。以产品为例，假设你经营一家咖啡店，固定成本包括租金和设备折旧，而变动成本包括咖啡豆、牛奶和其他配料的费用。通过计算每杯咖啡的总成本，你可以为其设定一个合理的价格，确保在覆盖成本的同时实现利润。

　　一旦你掌握了成本结构，就可以使用成本加成定价法来确定价格。这种方法简单直观，就是在成本的基础上加上一定的利润率。比如，你决定在每杯咖啡上加30%的利润，那么你的定价就应该是成本×（1+30%）。

市场调研与消费者心理

定价除了考虑内部成本，还要考虑市场和消费者的反馈。进行市场调研，了解竞争对手的定价策略、消费者的价格敏感度和购买习惯，能够帮你作出更明智的定价决策。

假设你发现竞争对手的冰饮价格为20~30元，而消费者普遍反映他们愿意为优质饮料支付更高的价格。结合这项信息，你可以将自己的饮料定价为25元，这样不仅能够与竞争对手抗衡，还能打造产品的优质形象。

了解消费者的心理也非常重要。消费者常常受到"锚定效应"的影响，在作出购买决策时会受到先前信息的影响。如果你在推广时将价格标为40元和25元，消费者会觉得25元的饮料性价比更高。

定价策略是取得成功的法宝之一，你可以根据竞争对手的定价进行调整，以保持自己在市场中的竞争力。

品牌定位与价值传递

定价策略应与品牌定位一致。一个高端品牌不应随意降低价格，这会损害品牌形象。相反，低价品牌可以通过有竞争力的定价吸引价格敏感的消费者。

确保在营销和推广中有效传递你的价值主张，让消费者清楚地了解你的产品为何值这个价格。例如，通过强调食材的来源、制作过程和独特的口味，增强消费者对价格的认同感。

动态定价策略

动态定价已成为一种重要的定价策略。通过实时分析市场需求、库存情况以及竞争对手的定价变化，你可以灵活调整产品价格，以实现销售和利润的最大化。

比如，在节假日或大促期间，你可以根据需求高峰调整价格，以提高利润率。在淡季时，你可以降低价格以刺激销量，避免库存积压。

通过使用数据分析工具和市场监测系统，你可以更好地掌握市场动态，从而作出更及时的定价决策。定价是一门学问，需要你的细致观察、精准分析和灵活应变。

借助好工具，让你事半功倍

效率和效果是职场人必须关注的指标。你会意识到，随着工作内容的不断增加，单靠个人的努力很难完成所有任务。在这样的背景下，借助好工具很重要，合适的工具能使你的工作如虎添翼。

好工具值万金

好工具能够有效帮助你简化工作流程、提升生产力和创造力。它可以是项目管理软件、数据分析工具、沟通平台，也可以是高效的工作方法。利用好工具能帮你节省时间、降低成本，将更多精力投入更重要的工作。例如，使用自动化工具可以减少重复性工作，让你有时间去做创造性的工作。

明确目标与需求

设定清晰的目标能帮助你选择合适的工具和工作方法，更有效地达成目标。在明确需求的过程中，考虑到团队的规模和任务的复杂性非常重要。一个小型团队通常只需要一个简单的协作工具，且比大型团队更好上手。

选择合适的工具

假设你是一名营销经理，需要分析市场数据，你可能会选择一些数据分析工具，比如Excel、Python，或参考微信指数、百度指数等。这些工具能够帮助你深入了解客户行为，从而制定更有效的营销策略。

优化工作流程

优化工作流程是提高效率的要素。工具的有效使用可以帮你简化工作流程，减少不必要的环节和重复性工作。

比如，在使用项目管理软件时，你可以建立标准化的工作流程模板，确保每个项目都有一致的执行标准；通过制定清晰的流程，团队成员可以更快上手，减少沟通成本。另外，许多工具可以设置自动提醒、任务分配等功能，减少了手动操作的需要。

团队协作与沟通

好工具既可以帮助你完成个人任务，又可以促进团队成员之间的协作。当下常用的协作平台可以实现即时交流，减少电子邮件的数量。你可以在这些平台上创建不同的频道，针对不同的项目或话题进行讨论，确保信息的及时传递。

同时，你可以鼓励团队成员分享使用工具的经验和技巧，提升整个团队的工作效率。通过团队内部的知识共享，大家可以互相学习，发现更高效的工作方法。

评估与调整

　　随着项目的推进和市场的变化，你需要定期对工具的使用进行回顾和调整。你可以定期召开团队会议，讨论工具使用的效果、存在的问题以及改进的建议。这样能够不断优化工作流程，提升团队效率。

　　如果当下的工具已经无法满足需求，就应考虑替换或升级。许多企业在发展过程中，随着团队的扩展和项目的增加，可能需要更强大的工具来推动其发展。

　　通过选择合适的工具、充分利用其功能、优化工作流程，你可以在工作中做到事半功倍，它能够帮你节省时间、降低成本，成为你成功路上的得力助手。

小步快跑，用最少的投入获得最大的收益

在快速变化的商业环境中，创业并不一定要追求大刀阔斧的改革，采用"小步快跑"的策略同样可以实现稳健的增长。

速度不等于莽撞，最少投入不等于吝啬。小步快跑的核心在于，用最经济的方式快速试错和调整。比如，当你准备开展一项新业务时，不要一次性投入所有的资源，而可以用最简单的方式测试市场的反应。

以一个小型餐饮创业为例，你不必一开始就租下大片商铺，购置全套高端设备。你可以先从外卖服务开始，租用一个小型厨房，测试你的菜品是否受欢迎，收集客户反馈，不断调整菜品结构和口味，当有了稳定的客源后，再考虑扩大经营规模。

充分利用资源

以最少的投入来推动项目并不意味着放弃质量或价值，而是通过更聪明的方式来利用资源。你需要优先考虑哪些环节最能产生积极影响，然后集中投入资源，而不是在每个环节都大规模投资。

在市场营销方面同样可以采用小步快跑的方式。不要一次性投入大量的广告费用，你可以先在社交媒体上刷一波存在感，再通过内容

营销吸引目标客户。你可以每天发布一些与你的产品或服务相关的有价值的内容，逐步积累粉丝群体。当发现某种营销方式效果不错时，再逐步加大投入力度。

在团队建设方面要讲究策略。创业初期，不要急于扩充人手，而是先建立起核心团队。你可以通过外包或兼职的方式来满足一些临时性的工作需求。随着业务的发展，再根据实际需要逐步扩充团队。这样不仅能控制人力成本，还能保持团队的精干和高效。

资金使用要讲究精打细算。每一笔支出都要有明确的目的和预期收益。比如，在采购设备时，你可以先购买二手设备或租赁设备，等业务稳定后再考虑更新。对于一些非核心业务，你可以通过外包或合作的方式来解决，避免一次性投入过大。

客服可以采用渐进式的方式。一开始，你可以专注于服务好最重要的客户群体，确保他们获得良好的体验。通过这些核心客户的口碑传播，逐步奠定客户基础。同时，你要善于利用各种工具和平台，提高服务效率。

在运营管理上，要建立快速响应机制。市场情况瞬息万变，你需要快速做出调整。这就要求你建立高效的信息收集和决策机制。比如，你可以通过每周的小规模测试来验证新的想法，根据结果快速调整运营方向。

创新要讲究方法。不要试图一次性推出颠覆性的创新，你可以通过持续的小改进来积累竞争优势。虽然每一个小的改进可能看起来微不足道，但累积起来却能带来显著的效果。

应对挑战与风险

尽管小步快跑是一种高效的策略，但在实施过程中，你也会面临各种挑战和风险。

1. 市场变化：市场环境瞬息万变，消费者的需求和偏好可能随时发生变化。你要保持敏锐的洞察力，及时调整战略，确保跟上市场发展步伐。

2. 资源限制：小步快跑虽然强调低投入，但有限的资源仍然可能影响你的决策。如何优化资源配置，确保核心项目的成功是一个需要认真考虑的问题。

3. 团队协作：在快速变化的环境中，团队成员可能面临压力和不确定性。你需要有效管理团队的情绪，确保团队在快速迭代的市场中保持高效运作。

4. 失败的风险：在小步快跑的过程中，失败是难以避免的，但从失败中学习至关重要。每次失败都是一次宝贵的经验，通过总结和反思，你能不断优化自己的策略。

小步快跑不是畏首畏尾，而是一种经营策略。它也非简单的急于求成，而是在快速变化中寻求灵活和高效的解决方案。成功往往不是一蹴而就，而是由无数个小进步累积而成的。只要保持耐心和专注，你的企业终将迎来质的飞跃。

珍惜你的知识产权

知识产权是企业最重要的无形资产。对企业来说，一个好的创意、技术或一个响亮的品牌，都可能成为企业快速发展的重要动力。可随着市场竞争的日益激烈，知识产权侵权事件频发，如何保护好自己的创新成果成为每个创业者必须面对的问题。

小微企业创业中涉及的知识产权

在保护知识产权之前，首先需要了解不同类型的知识产权，包括以下几个方面。

1. 商标权：企业名称、产品商标、品牌标识等都需要通过商标注册来保护。要知道，一个好的品牌能够帮助你快速打开市场，是企业无形资产的重要组成部分。商标注册遵循"先到先得"原则，如果错失注册时机，可能会造成无法挽回的损失。

2. 专利权：如果你的企业涉及技术创新，就需要考虑专利保护。发明专利适用于新的技术方案；实用新型专利适用于产品的形状、构造等方面的改进；外观设计专利专门保护产品的外观设计。

3. 著作权：企业在经营过程中产生的各类作品都受著作权的保护，包括产品说明书、宣传册、企业网站、App界面设计、广告文案、宣传视频、技术文档、培训材料等。

4. 商业秘密：除了上述可以注册的知识产权，企业的商业秘密同样需要保护，比如客户资料、营销策略、技术诀窍、配方工艺等。

如何保护知识产权

1. 及时注册，抢占先机。创业之初就要对企业名称、品牌进行商标注册；在技术成果公开前及时提交专利申请；对重要作品进行著作权登记；建立商标、专利池，为企业发展预留空间。

2. 内部管理与保护。在与员工、合作伙伴或外包公司合作时签署保密协议，明确规定各方对商业秘密的保护责任。保密协议能够有效防止机密信息的泄露。

3. 对员工进行知识产权保护的培训，加深他们对知识产权重要性的认识。确保员工了解哪些信息需要保密，如何处理公司内部的知识产权问题。

4. 加强信息系统的安全管理，使用防火墙和加密技术保护敏感数据。定期更新软件，防止黑客攻击和数据泄露。

监测与维权

如何对知识产权进行监测与维权呢？

1. 市场监测：定期监测市场，关注是否有侵犯你知识产权的行为。通过搜索引擎、社交媒体和行业报告，及时发现潜在的侵权行为。

2. 维权行动：一旦发现侵权行为，就要收集相关证据，包括侵权产品的照片、销售记录等。你可以通过发送律师函、要求停止侵权等方式来处理，必要时可考虑提起诉讼。

3.寻求法律咨询：在遇到复杂的知识产权问题时，寻求专业的法律咨询是明智的选择。知识产权律师能够提供专业的建议，帮助你制定有效的维权策略。

除此之外，创始人可以通过知识产权创造价值的方式进行保护，比如通过授权他人使用你的知识产权来创造收入。这种合作可以拓宽你的收入来源，提升品牌知名度。

你可以把知识产权作为营销工具，通过展示独特的商标、版权作品等来吸引更多客户，或者加入相关的行业协会，参与知识产权的推广和保护活动。此外，你可以通过与其他企业的合作，增强自身的影响力与资源获取能力。

珍惜自有知识产权不仅是个人和企业的责任，还是对整个商业环境的保护。每位企业创始人都应当理解自己在推动商业发展过程中的角色定位。

第四章

客户从哪里来

从简单的创意出发，以市场为师，灵活适应变化，缩小差距，追求专业。本章将指导你如何以最少的资源打造出能够引爆市场的产品，让你的小微企业在竞争中脱颖而出。

微小市场的大机会：
寻找你的利基市场

作为小企业，你可以通过精简运营、聚焦核心价值，精准锁定细分市场，在"利基市场"中找到属于自己的机会，从而实现盈利。

利基市场（Niche Market）通常是那些大市场中被忽视的小众市场，虽然规模较小，但因为需求独特，往往具有很高的潜在利润。这些市场的特点如下。

1. 规模小、需求特定。利基市场规模小，但消费者对产品或服务有明确的需求，你可以在这一领域提供定制化的服务，从而赢得忠诚的客户群。

2. 竞争较少。大型企业因为需要规模效益，通常不会花费资源进入利基市场，这为小企业提供了更多机会。

3. 高忠诚度。由于利基市场的消费者有特定需求，他们往往愿意为满足需求的产品或服务支付更高价格，并且一旦找到满意的产品，他们的忠诚度较高。

对小微企业来说，利基市场与"小而美"的商业模式高度契合，你可以在一个小而专的领域里找到自己的竞争优势。

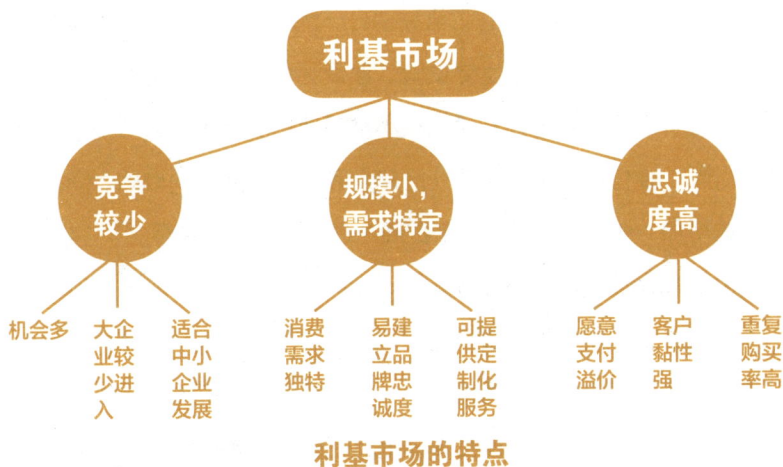

利基市场的特点

寻找微小而有价值的市场

找到适合的利基市场是你创业成功的关键，以下几种策略或许能帮你识别这些市场机会。

1. 从降低成本的角度切入

小型私密婚礼公司就是切入利基市场的案例。近些年，很多情侣希望举办简单、低成本但有创意的婚礼，而传统婚礼策划公司往往收费高昂，服务烦琐。这类公司根据这一需求，推出了小型私密或目的地婚礼，为想要省时省力但依然想要有仪式感的情侣提供小型婚礼服务。这个市场相对较小，但需求非常具体，客户群忠诚度高。

2. 识别大市场中的未满足需求

张伟是个新手奶爸，他发现带娃外出的挑战很多，多数婴儿推车不适合狭窄的城市街道、公交车或拥挤的商场。经过深入调研，他发现"城市家庭的便利推车"显然没有得到完全满足。

于是，设计专业毕业的张伟决定自己动手，开发一款专为城市生活使用的婴儿推车。经过反复试验，他设计出能够单手折叠、易于携带，而且特别适合在公共交通和狭小空间使用的推车产品。由于起步资金有限，张伟就通过与育儿社区建立联系，逐渐打响口碑。随着订单量的增加，他的创业项目逐渐扩展，建立起自己的品牌。

3. 利用大数据和趋势分析

孙晨曾在一家大型服装公司担任市场分析师，他一直梦想着创立自己的潮牌，却始终未找到机会。一天，孙晨在分析流行趋势时，发现了一个有趣的现象：在社交媒体上，一些特定颜色和款式的复古服装正悄然走红，但这些元素并没有大规模进入主流时尚品牌的设计。孙晨通过社交媒体平台、在线购物网站的搜索数据和购买趋势进行跟踪。

孙晨决定抓住这个机会，推出了以"80年代复古风"为主打的服装。为了确保产品能够吸引到目标受众，他还根据用户在社交媒体上的行为数据进行精准营销。短短几个月内，他的产品迅速在时尚圈走红，他也成为复古时尚领域的一匹黑马。

寻找适合的利基市场是一条值得探索的路径。你不必与大型企业在大众市场中争夺资源，可以通过聚焦在特定的细分市场中寻找生存之道。只要你能够理解目标客户的独特需求，提供高品质、个性化的产品或服务，那么即使在微小的市场中，你也能找到大机会。

精准定位，为用户画像

很多企业在推出产品或服务时，往往只关注产品本身，而忽视了客户的真正需求与偏好。这使得企业的营销效果大打折扣，甚至导致产品营销失败。要想在市场中立于不败之地，必须进行精准定位，为用户画像。

对客户的理解不能浮于表面

精准定位是市场营销的基础，你要深入分析目标市场，明确客户的特点和需求。这种定位让你能够确定产品的核心竞争力。试想，如果你对目标客户的理解浮于表面，你的产品和服务如何能够真正打动他们呢？

假如你打算推出一款针对年轻人的健身应用，但你却不知道他们最关注哪些功能以及他们的使用习惯和消费心理，那你的努力很可能会事倍功半。因此，精准定位可以帮助你明确方向，让你的营销策略更具针对性。

为用户画像

用户画像是基于数据分析和市场研究形成的对目标客户的详细描

述。这个过程可以帮助你更深入地理解客户，进而制定有效的营销策略。你可以从以下几个方面入手。

1. 人口统计特征：考虑年龄、性别、收入、教育水平等基本信息。例如，年轻人可能更倾向于使用社交媒体，而中年人更注重产品的质量和口碑。

2. 地理位置：客户所处的地域会影响他们的需求。例如，城市和乡村的消费者在购买习惯上可能存在显著差异。

3. 心理特征：客户的价值观、生活方式、兴趣爱好等心理因素也是市场细分的重要依据。通过了解这些因素，你可以更深入地掌握和了解客户的内心需求。

4. 购买行为：分析客户的购买习惯，如购买频率、品牌忠诚度、购买渠道等，这有助于你更好地预测他们的购买行为。

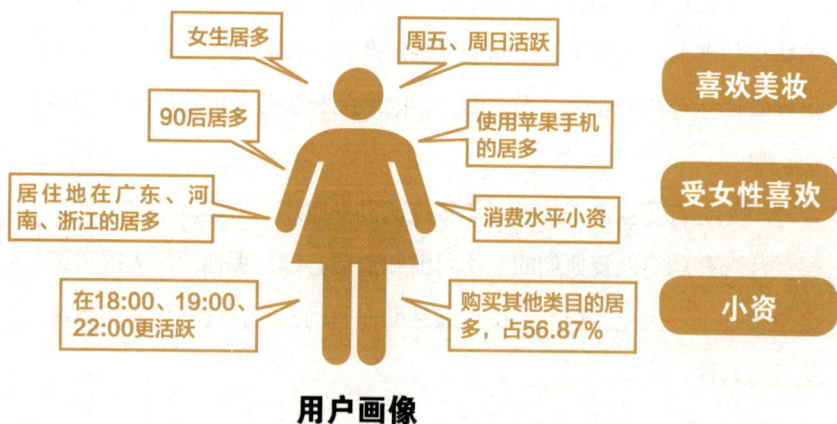

用户画像

数据收集方法

直接沟通是直观、有效的方式。面对面访谈、问卷调查、客户反馈、销售记录等都是这类典型的沟通方式。

另外，可以通过网站访问量来了解用户浏览行为，通过社交媒体数据来分析用户互动情况，通过交易数据来研究购买方式，通过了解竞争对手的客户群体来找到潜在的客户。

这些数据收集方法具有重大意义。直接沟通，如面对面访谈、问卷调查等是直观有效的方式，可获取一手信息。同时，网站访问量、社交媒体数据、交易数据以及对竞争对手客户群体的了解，能够全方位洞察用户。正所谓"没有调查就没有发言权"，这些数据有助于企业作出精准决策。

将用户画像转化为营销策略

用户画像清晰后，要将其转化为实际的营销策略。你要根据用户画像制定个性化的营销方案，从而更好地满足他们的需求。

产品设计：根据客户的需求和偏好，调整产品特性和功能。比如，针对年轻人的健身应用，可以增加社交互动功能；而针对中年人的应用，则可以侧重于健康管理和营养指导。

营销渠道：需选择最为适合目标客户的营销渠道。倘若你的目标客户为年轻人，那么社交平台与移动应用将是理想之选；但如果目标客户是中老年人，针对该群体的社交平台以及传统的电视可能更具成效。

内容创作：为不同的客户群体创作符合他们兴趣的内容。例如针对年轻人的短视频、针对中年人的健康文章等。

个性化服务：为客户提供更具个性化的服务。例如，根据客户的购买历史和偏好，推荐相关产品，增强客户体验。

监测与优化

在实施营销策略后，你要持续监测其效果。通过分析客户的反馈、销售数据和市场反应，你能够判断哪些策略有效，哪些需要调整。你可以不断优化营销策略，确保其始终与客户的需求相匹配。

深入了解客户的需求和行为不仅能提高产品的市场适应性，还能在竞争中占据优势。始终保持对客户的关注，加深你的认知和理解，推动企业设计出更好的产品和提供更好的服务。

发现客户痛点，提供解决方案

为什么有些产品一经推出就备受欢迎，有些却无人问津？成功的关键往往在于是否真正找到并解决了客户的痛点。只有当你能准确发现客户的问题并提供有效的解决方案时，你的产品才能真正打动客户。

了解客户的背景和需求

针对某个年龄段、职业群体或特定生活方式的客户，他们在使用产品时会有哪些特定需求？这些需求是否在现有的产品或服务中得到了满足？通过这一初步分析，你可以大致了解客户的期望和目标。用户画像有助于发现客户的痛点，为日后优化产品和服务提供有力的依据。

发现客户痛点的方法

客户的痛点可以通过多种方式来识别，例如市场调研，定期组织焦点小组讨论或在线问卷调查，询问客户对产品的使用体验和期望改进的方面；使用数据分析工具，分析用户在产品上的停留时间、点击率和购买转换率等指标，找出哪些环节可能存在问题。

收集客户的直接反馈是发现痛点的重要方式之一。你可以通过客服热线、线上互动和电子邮件等渠道，了解他们的困惑和不满；研究竞争对手的产品或服务，找出它们在市场上的不足或客户的反馈，从而为自己的产品改进提供参考。

痛点是迫切要解决的问题

客户在工作或生活中遇到的困扰、难题或未被满足的需求都可视为痛点。可大致分为以下几点。

功能性痛点：比如产品的某项功能无法满足客户的特定需求。

经济性痛点：比如过高的售价导致客户放弃购买。

社会性痛点：客户在选择产品或服务时会受到外界影响，比如朋友的推荐或社会风潮。

了解客户的痛点是你提供有效解决方案的第一步。你可以采取市场调研、数据分析、竞品分析、用户体验、建立客户群等方式进行了解。

提供解决方案的思路

一旦识别出客户的痛点，下一步就要为这些痛点提供解决方案。如果客户反馈某款产品使用起来较为复杂，你要考虑简化使用流程；若客户在使用服务过程中感到不满，就要提升服务质量，确保客户在遇到问题时能及时获得帮助。

如果客户对价格不满意，可以考虑推出分期付款、折扣促销等价格策略，降低客户的购买门槛；利用大数据分析客户的历史行为，为他们推荐最符合需求的产品或服务。

将客户痛点转化为解决方案

识别客户痛点

功能性痛点

经济性痛点

社会性痛点

解决方案开发

提升客户满意度

痛点，就是未被满足的刚需

另外，不要放弃研发新功能或新产品，以更好地满足客户的需求，提高产品的吸引力。

与客户保持密切沟通

在提供解决方案的过程中，与客户保持密切沟通是非常重要的。你可以采取定期回访、建立反馈渠道，鼓励客户随时提出意见和建议；利用社交媒体、在线客服或专门的反馈表单，收集客户的声音。

如果资金充沛，你可以定期举办用户体验分享会等活动，通过线下活动，更直观地了解客户的需求和痛点。

捕捉客户"爽点"，将服务做到极致

想要让客户选择你、认可你并且成为你的忠实粉丝，只解决客户的问题还不够，你需要深入理解客户的心理，在每个细节上做到极致，甚至超越客户的期望。

找到客户的"爽点"

客户的"爽点"，简单来说，就是他们在消费过程中所追求的舒适感、满足感以及超出预期的体验。想象你自己是一位客户，当你购买产品或服务时，你的体验不仅来自产品的使用本身，还包括从接触品牌到购买后的每一个环节。当你提供的服务能够触及客户的心理预期，让他们感到"被理解""很方便"或"体验极佳"，那么他们的"爽点"便被触动了。

找到客户的"爽点"并不容易，它可能包含很多因素：从高效便捷的购物流程、迅速的客服响应，到购买后的关怀服务，甚至是意想不到的小惊喜。每个客户的"爽点"各不相同，但无一例外，他们都希望获得一种愉悦、顺畅的消费体验。这就要求你深入洞察客户的需求和偏好，在服务过程中不断优化细节，以确保每个接触点都能带来正面的体验。

如何精准捕捉客户的"爽点"

你可能会想，既然每个客户的需求不同，怎么才能找到他们的"爽点"呢？答案是深入了解客户，掌握他们的偏好和痛点。

年轻人可能更注重效率和快捷，而老年人更关注安全和舒适。最简单的方式是直接与客户沟通，了解他们的需求和期待。你可以通过客户反馈调查来了解他们对服务过程的真实体验，询问他们在购买过程中的感受，有哪些细节让他们印象深刻，有什么可以改进的地方。这不仅能让客户感到被重视，还能帮助你获得第一手的反馈资料。

在线上，客户的每一次点击、每一条评论，甚至浏览的时长都是宝贵的信息。你可以深入了解客户的行为偏好，比如哪些产品页面访问量最高，客户在什么环节上容易离开页面，或是哪些评论词频繁出现。通过行为数据分析，你可以找到客户关注的关键点，从而进行有针对性的优化。

精准打击：触达客户"爽点"

在效率至上的时代，客户一般不愿等太久。快速响应客户需求是打动客户的重要一环。无论是电话客服还是线上咨询，你都要确保在最短的时间内回应。为此，你可以通过智能化系统加快响应速度，比如设置自动回复或提供即时帮助的选项等。

没有人会拒绝个性化的体验。比如，当客户得到专属的服务建议，或者在生日时收到小小的优惠和祝福，这种关怀会让他们倍感贴心。你可以根据客户的消费、浏览记录，推荐相关的产品或服务，让他们觉得你的服务是专门为他们定制的，进而增强对你的信赖感。

客户在消费过程中，最忌讳的就是信息不对称。若产品有任何问题或快递出现延迟等，客户都希望第一时间知道。你可以在服务中建立透明的沟通机制，比如在订单处理和物流上实时更新进度。如果出现问题，及时通知并提供解决方案，客户会感到被尊重，从而提升对产品的信任感和满意度。

细致打磨服务

服务是需要精心设计的。作为一个用心的服务提供者，你要从客户的角度，找到那些可能被忽略的细节。

很多时候，客户在消费过程中遇到的烦恼来源于不必要的复杂环节。你需要定期检查客户服务流程，简化步骤，确保每个环节都能顺畅地衔接。例如，优化结账页面，减少信息填写，确保客户能在最短的时间内完成购买。流程越简洁，客户体验越好，满意度也就越高。

另外，服务质量不仅取决于流程的设计，还离不开员工的执行。定期培训有助于增强员工的服务意识，使他们了解在每个环节如何触达客户的"爽点"。

客户绝佳的体验会逐渐转化为你的品牌口碑。满意的客户会愿意向周围人推荐你的服务，这种"口碑效应"是一种无形的广告。你会发现，越来越多的客户被优质服务吸引而来。

建立信任，小胜靠智，大胜靠德

产品可以模仿，技术可以赶超，但客户的信任却需要长期积累。在日益激烈的市场环境中，单靠营销手段或产品创新，只能赢得一时之利，无法维持长久。真正能让企业立于不败之地的是客户的支持和信任。用智慧去满足客户需求，并以真诚赢得客户信任，你的事业才能稳步发展。

智：用专业赢得信任

建立信任首先需要过硬的专业能力和科学的经营方法。在产品质量方面，企业必须确保产品性能真实可靠，所有宣传描述准确无误，价格设定合理透明，售后服务及时到位。只有真正为客户提供价值，才能赢得市场的认可。

你要在客户面前展现出专业的形象。比如一位带货达人，了解自己的定位后，还要了解所买商品的相关知识，包括市场前景、政策等，甚至要能够预见客户未来的需求变化，这样才能真正地帮到客户。

每个客户的背景、需求和痛点都不一样，这就需要你具备洞察力，通过细致的沟通来了解他们的需求。很多时候，客户的表达可能不够清晰，但你要敏锐地捕捉信息，并结合行业经验，给出贴合客户实际的方案。客户感受到你的真心，自然会更愿意信任你。

另外，在满足客户需求的前提下，设法超越他们的期望、鼓励客户反馈，这样，客户会感受到自己在品牌发展中的重要性。例如，某家科技公司在推出新品时，通过专业团队对客户需求进行深入调研，确定功能需求后，制作了详尽的产品白皮书。同时，在推广过程中，该公司邀请客户参与产品的早期测试，通过互动和反馈不断优化产品。

该公司还定期举办行业研讨会，邀请业内专家与客户面对面交流，展示其在领域内的领先地位。最终，客户不仅认可了产品的功能，还对公司品牌产生了强烈的信任感，增强了客户复购和推荐的意愿。

德：守护信任的根本

专业和智慧让你赢得了"信任的开始"，而让信任根深蒂固、经得起时间考验的则是诚信和担当。这意味着在任何时候都要维护客户利益，做到诚实守信。

当你对客户做出承诺时，无论遇到什么困难，都要尽量履行。如果真的遇到不可抗力导致无法实现承诺，也要及时与客户沟通，给出诚恳的解释和备选方案。保持透明是建立信任的重要方式。

在很多商业决策中，短期利益总是很诱人，但若着眼于客户的信任和长久发展，你就要避免做出短期逐利的行为。

价值观是影响建立信任的重要因素。客户更倾向于与价值观一致的企业建立长期关系。因此，你要通过一致的品牌理念和行为规范，向客户传递明确的价值观。

将"智"和"德"融入每个环节

无论是前期的产品推介，还是中期的服务流程，以及后期的售后支持，你都要始终以客户利益为导向。比如，客户在使用过程中遇到问题时，你可以提供个性化的解决方案，确保他们的问题得到及时解决，而不是在交易完成后便置之不理。始终关注客户的使用体验，客户会感受到你的真诚和专业，从而更加信任你。

另外，一个有效的沟通机制能够让客户始终感受到你的关注和关怀，他们自然会更加倾向于与你继续合作。

信任是忠诚度的基础。一项市场研究表明，超过80%的客户愿意继续购买自己信任的品牌，哪怕其他同类型品牌价格更低。这意味着，信任不仅能提升客户的忠诚度，还能降低客户流失率。

信任是一种无价的财富，它能够推动你的事业持续向前。而客户的信任并不是瞬间获得的，而是靠一件件具体的事、一次次真心的服务建立起来的。

品牌塑造，让客户认识并记住你

产品再好，价格再优惠，如果没有一个让客户记得住的品牌，你的企业很容易淹没在红海中。品牌如同人格魅力，只有经过长时间的积累和精心塑造，才能让客户记忆深刻。

定义品牌：让客户知道你是谁

品牌是客户在接触你的产品或服务时最先感知到的内容，必须清晰且独特。在品牌创立之初，你需要一个清晰的品牌价值主张，这是传达给客户的核心价值和利益，是让他们选择你的理由。如果你经营的是女性生活用品品牌，你的价值主张应该围绕"美丽""健康"展开，提供多方位、贴心的健康解决方案，让你的品牌在客户心中树立一个清晰的形象。

品牌标识是客户在茫茫市场中识别你的重要途径。一个独特的品牌设计，应该在名称、标志、色彩以及独特的沟通风格上着手，让客户一眼就能认出来。例如，华为的花瓣形状，或互联网公司简洁可爱的风格，都能够帮助客户快速辨识并记住品牌。还可以利用设计、口号、包装等元素，形成品牌专属的"记忆符号"，并不断强化这种可识别性。

品牌塑造：让客户"感受"你的存在

客户能否记住你，取决于你能否长期出现在他们的视野中，这需要长期的品牌塑造。无论是广告、产品包装，还是客服服务，你的品牌应该传递同一种声音、一种调性。这种一致性可以帮助客户在不同的场景中轻松识别你，并且不断加深对品牌的记忆。

一个客户可能会在购买的过程中感到愉悦，也会因某次细致周到的售后加深对品牌的印象。企业应力求从售前、售中到售后，都给客户"超出预期"的体验。客户每一次满意的反馈，都会加强他们对品牌的认可，让品牌在他们心中越发鲜明。

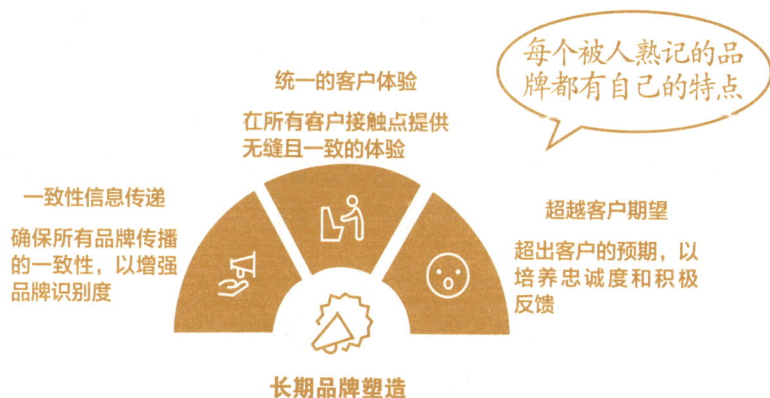

每个被人熟记的品牌都有自己的特点

统一的客户体验
在所有客户接触点提供无缝且一致的体验

一致性信息传递
确保所有品牌传播的一致性，以增强品牌识别度

超越客户期望
超出客户的预期，以培养忠诚度和积极反馈

长期品牌塑造

品牌故事：给客户一个记住你的理由

品牌不仅是产品和服务，还是有温度的故事。通过品牌故事将品牌人格化，更容易让客户产生情感连接。讲述一个真实、动人的故事，会让品牌变得生动、可信。

一家小型咖啡店或许可以讲述创始人为了寻找一杯完美的咖啡而

游历世界的故事。这在塑造品牌形象的同时，拉近了与客户之间的距离，让他们对品牌产生情感依赖。

今天，很多客户会关注品牌的社会价值。你可以通过讲述品牌的使命和愿景，向客户传达品牌的社会责任感。例如，你的品牌致力于环保，可告诉客户你的品牌为何关注这一问题，为此做出了哪些努力。这些故事会让品牌更具人性化，客户会因为品牌的社会意义选择支持你，从而建立更深层次的信任。

品牌忠诚：与客户的情感连接

既要让客户记住你，又要让他们喜欢你。你可以通过情感连接，将品牌形象根植于客户的情感记忆中，让品牌成为客户生活中的一部分。

在品牌营销中，传播正能量可以增强客户的品牌情感。无论是鼓励性的广告语，还是帮客户实现梦想的支持活动，都可以让客户感受到品牌的温度，这样他们会更愿意与你保持长期联系。

品牌建设是一种长线投资，需要耐心和坚持。这就像在一片广阔的市场中不断播种，当客户在某个时刻需要相关产品或服务时，脑海中首先浮现的就是你的品牌。哪怕没有立即购买，品牌的印象也会随着长期曝光而逐渐加深。

品牌信誉的建立需要时间的沉淀。每一个履行的承诺、每一次真诚的售后服务，都是对品牌信誉的累积。这种信任会在无形中转化为品牌的价值，成为企业发展的重要驱动力。

第五章

极简法产品开发

从简单的创意出发，以市场为师，灵活适应变化，深挖差距，追求专业。本章将指导你如何以最少的资源打造出引爆市场的产品，让你的小微企业在激烈的竞争中脱颖而出。

从简单的创意开始，烧脑不烧钱

作为小微企业的创业者，你可能经常为产品开发而头疼：既要推出有特色的新品，又担心研发投入力度太大。其实，优秀的产品并不一定需要大量资金，关键在于你如何用智慧和创意，让有限的资源发挥出最大价值。

以小见大，创意就在细微之处

产品开发的第一步是找到客户真正需要的解决方案。假如你经营的是家居用品领域，或许注意到很多人对传统收纳方式不满意，尤其是对如何高效利用窄小空间感到头疼。这样的需求很简单，但解决方法可能很受欢迎，正好适合小微企业聚焦开发。

接下来需要想清楚，你能为客户提供什么特别的价值？也许有很多人在解决这一需求，但你的切入点需要独特、简单且价格实惠。比如，你可以从用户体验的便利性入手，设计一种安装简便的家居收纳产品，用独特的细节来吸引客户。

头脑风暴，将创意打磨成形

头脑风暴可以让你更灵活、快速地探索出富有创意的好方法。毕竟，真正的好创意通常产生于集思广益，而不是资源的堆砌。

在这个阶段，不要试图追求复杂的功能或多样化的产品。与其开发出五花八门的功能，不如专注于一个独特而实用的核心创意，简化产品的功能，凸显其核心价值。不要局限于自己，可以与团队、行业伙伴甚至客户一起讨论，通过集思广益，发掘更多潜在的创意细节。还可以邀请团队成员或一些早期客户参与，他们的建议往往能提供新的视角，让你更好地完善产品功能。无论是设计改进、功能添加，还是材料选择，他们的反馈都是不可多得的灵感来源。

好了，大家自由发挥吧！

简单的原型开发：省钱也能验证创意

有了明确的产品创意后，就可以进入原型开发阶段。在这个环节，你需要用最少的成本，尽量简洁地把你的创意变成一个可测试的产品。对小微企业来说，原型开发不必追求精致，更适合用一些简单的方式去实现，以便快速验证你的想法。

　　如果是物理产品，可先制作一个简易的模型，让自己和团队成员进行初步测试，再尝试将模型交给客户试用，收集他们的真实反馈。这一过程会让你发现问题所在，帮助你逐步优化产品，且不会浪费大量资源。

　　如果是一个应用或者软件服务，不妨尝试"最小可行性产品"（MVP）策略。先开发一个简单的测试版，包含核心功能，然后迅速投入市场。MVP能够以较低的成本收集用户反馈，帮助你在完善产品之前，明白哪些功能是客户真正需要的，哪些可以是优化甚至去除的。

　　在小微企业的产品开发过程中，从简单的创意出发，不断优化设计，以"烧脑"方式代替"烧钱"策略，能够在有限资源下走出一条高效、精准的产品开发之路。

　　产品的成功并不依赖于大量的资金投入，而是依赖于你对市场需求的精准理解、创意的巧妙实现以及迭代的坚持。每一个小微企业都能通过这种方式，将小创意变成大收获，实现产品价值的最大化。

市场是最好的老师

　　真正决定一款产品是否成功的，不是你的直觉或偏好，而是市场的反馈。对小微企业来说，市场就是最好的老师。它不仅能告诉你产品能否满足需求，还能帮你找到方向、调整策略、优化产品，逐步找到适合你的那条路。

从市场需求出发，而不是你的"直觉"

　　许多小微企业在开发产品时会陷入一种误区：你觉得"用户肯定会喜欢这个"，便开始投入资源开发，结果上市后发现无人问津。所以，从产品开发之初，你就要学会用心观察市场动态。市场是一位严厉的老师，它用最直接的方式告诉你什么是对的，什么是错的。

　　你可以在产品开发过程中快速试错，听取用户的声音，甚至可以让他们参与到产品优化中。如果你开了一家服装定制小店，可以在社交平台上发起投票，让用户选择新一季的款式或颜色，借此提升产品的接受度和关注度。这样不仅能增强用户黏性，还能直接指明你的开发方向。

分析竞品，寻找市场差异化机会

　　竞争对手的每一个动作都包含着市场信息。他们的产品更新方向、价格调整策略、营销推广方式都值得你认真研究。当然，关注竞品不是为了简单模仿，而是要找到自己的差异化优势。

　　你可以通过分析竞争对手的优势、劣势，以及他们的用户评价来发现市场中未被满足的需求。比如，当你发现某款产品因定价过高而受到质疑时，你可以考虑推出更具性价比的产品。当其他产品忽略了一些用户体验上的细节时，这也是你的机会，你可以在产品开发时特别关注这些细节。

　　只有重视市场反馈，产品开发才能真正贴近用户，满足用户需求，甚至超出预期。对小微企业来说，要始终保持谦虚的学习态度，善于从市场反馈中吸取经验。在创业的道路上，只有时刻倾听市场的声音，才能在激烈的竞争中站稳脚跟。

适应变化，随时调整

在产品开发过程中，无论是市场需求的转变、客户反馈的调整，还是竞争环境的变化，都可能影响你产品的方向和策略。你只有适应变化、随时调整才能应对这些挑战，确保你的产品能够成功推向市场。无论企业规模大小，灵活性始终是产品开发中的核心竞争力。

市场需求随时变化，需要敏锐捕捉

作为一名产品开发者，你必须具备敏锐的市场触觉。客户的需求变化可能来源于生活习惯的改变、新技术的应用、消费趋势的兴起或竞争对手的创新。你需要通过市场调研、数据分析、客户反馈等途径，找到这些变化的信号，并快速调整开发策略。

为了让你的产品始终能够满足市场需求，你可以定期进行市场调研、参加行业论坛、关注社交媒体上的客户讨论，这些都是了解市场动态的有效方法，能够让你实时掌握客户的需求趋势，从而使你的产品始终保持市场竞争力。

你可以借助数据分析工具，分析客户的购买习惯、消费行为、产品使用反馈等信息，以此来识别客户的核心需求，从而在产品开发中作出更准确的决策。

客户反馈助力方向调整

无论是早期产品测试，还是上市后的用户反馈，都是你调整产品、提升客户体验的宝贵资源。学会倾听客户意见，善于从中发现产品的不足或找到改进的机会，这将使你的产品开发更具针对性。

为了让客户的反馈更为有效，你可以建立一个完善的反馈机制。通过社交媒体、客户服务热线、调查问卷等渠道，鼓励客户提供反馈，这样你会从中发现产品开发过程中被忽视的细节问题，并及时进行调整。

市场竞争激烈，适应环境的变化

通过分析竞争对手的产品，你可以更清楚地定位自己的产品。差异化是你吸引客户的重要策略。面对竞争对手的新策略或产品发布，你可能需要灵活调整产品开发进度。例如，当发现某家企业推出了一项颇受客户欢迎的新功能的，你可以在评估后决定是否有必要在产品中加入类似的功能，或在已有功能上做出创新，通过观察和调整来更好地适应市场，保持竞争优势。

技术发展驱动创新，随时调整产品设计

科技的快速进步为产品开发带来了更多可能，你需要随时关注新技术的发展，以便在产品中加以应用。新的技术可能为你提供优化产品的工具或手段，也可能改变市场需求。你需要保持对新技术的敏锐度，适时调整产品设计。

例如，人工智能、物联网等新兴技术可以为许多产品增加智能化的功能，使其更能满足客户的需求。你可以适当引入新技术，调整产品设计，使产品能够跟上科技潮流，在市场中更具吸引力。

团队协作应对挑战

适应变化、随时调整不仅体现在产品本身，还要求你有一个协作性强的内部团队。团队成员之间的协同合作，能够让你更好地应对开发过程中的突发状况和市场变化。

开放的沟通渠道有利于及时分享市场动态和客户反馈，可以确保团队成员都能够理解产品的调整方向。尤其是在面对突发的市场变化时，高效的团队协作能让你更快速地调整开发策略，保证产品的灵活性和时效性。

一个具备创新精神的团队能在面对变化时主动提出新的解决方案，提升产品开发效率。鼓励团队成员在开发过程中提出创新想法，并给予试错空间，能够调动他们的积极性，为产品开发提供更多灵感和可能。

市场需求、客户反馈、竞争环境、技术发展都在影响着你的产品开发策略，只有灵活应对这些因素，才能让产品不断优化，从而保持竞争优势。

深挖差距，不断精进

你可能已经拥有了一个不错的产品原型，甚至已经获得一些用户的认可。可市场瞬息万变，只有持续地改进、优化，才能打造出一款真正受用户欢迎的产品。

找到产品和需求的距离

产品与用户期望之间的差距，通常包括功能、体验、价格等方面。每个产品都有它的核心功能和价值，但在实际应用中，用户的反馈往往会揭露出产品功能与市场需求的不同。你要做的是找到这些差距，了解产品的不足，为改进产品提供指引。

你可以通过分析用户反馈、市场调研和竞品对比等方式找到产品差距。用户反馈中往往包含大量关于产品不足的信息，市场调研则可以帮你了解其他产品满足了用户哪些需求，从而为你的优化指明方向。通过分析这些信息，你会清晰地知道哪些方面需要进一步精进，哪些需求是你的产品目前无法满足的。

分析用户反馈，找到共性问题

广泛收集市场上同类产品的用户反馈，将其分为不同的类别，比如产品功能、用户体验、性价比等，找到这些产品的共性问题。这些问题可以帮你找到频繁出现的用户需求和痛点，在改进产品时需予以重点关注。

深入分析竞品，紧跟趋势变化

选择几个与你的产品相似的竞品进行深入分析。你可以从竞品的功能设计、用户评价、市场定位等方面，找到它们的亮点和不足。这样，你能够更好地理解哪些功能是行业趋势，哪些设计是用户真正需要的。利用这些信息，改进你自己的产品，避免走弯路。

此外，市场趋势总是在不断变化，比如某一技术可能逐渐成为用户的新需求，或者某类产品设计逐渐被淘汰。你需要掌握最新的技术和设计理念，及时更新产品，确保它与市场保持同步。适时加入一些创新元素可以增强产品的吸引力，让用户觉得你的产品"与时俱进"。

用数据说话，提高转化率

用户行为数据是一笔宝贵的财富。比如，用户在你的产品中使用某个功能的频率高，说明这个功能受欢迎；而跳出率高的页面，可能是因为设计不合理或者内容不够吸引人。通过分析这些行为数据，你可以更直观地了解用户偏好和使用习惯，从而决定哪些方面需要改进。

转化率是衡量产品效果的重要指标。通过分析不同页面、功能的转化率，你可以发现哪些环节影响了用户的转化意图。比如，用户在下单页面离开，可能说明流程复杂、价格不合适或者用户体验不佳。根据这些数据进行调整，能够有效优化产品的市场表现。

制订迭代计划：逐步改进，稳步提升

在发现产品差距后，下一步就是制订具体的迭代计划。通过设定明确的目标、时间节点和优先级，你可以有条不紊地对产品进行优化。迭代计划能够帮助你把握产品改进的节奏，灵活调整策略。

面对众多改进需求，设定优先级非常关键。你可以根据用户需求的迫切程度、技术实现的难易程度来确定优先级，优先处理那些对用户体验影响较大、容易实现的问题。这样能够在短时间内让产品的品质有明显提升，迅速赢得用户的好评。

小步快跑的迭代方式

小步快跑意味着每次迭代只做小的改动，逐步推进产品改进。这种方式可以有效降低改进过程中的风险，确保每次改进都能给用户带来积极的体验。而且，每次小幅度的优化，都能让你更快地验证效果，为下一步改进提供数据支持。

足够专业才能出爆品

要打造出一个"爆品"并非易事。只有在专业度上下足功夫，你才能用产品的品质打动用户，用品牌的信任赢得市场。

专业度是产品的基础：从品质到细节的严控

用户选择你的产品是希望能获得满足需求的解决方案。你的专业度正是他们最关心的。产品的每个细节、每项功能都离不开专业性的支撑。你的产品不仅要满足基本需求，还要在每个细节上达到甚至超出用户预期的专业标准，让用户感到你的产品不仅好用，还很用心。

要在专业上让用户感到放心，你需要从以下几方面着手。

深挖用户需求：你要清楚地知道他们的问题和痛点，有针对性地提供真正解决问题的产品，而不是模糊的"普适性"方案。

优化产品设计：关注每一个细节，确保用户在使用中能够感到舒适、便捷，这种设计上的专业度会直接提升用户对产品的满意度。

提高品控标准：专业化不只是停留在设计阶段，生产阶段的品控也极其重要。产品的品质直接影响用户的信任度。无论是材料选择、生产工艺还是产品检验，都要以高标准去执行，确保产品质量过硬。

打造专业团队：用人才塑造产品力

一个足够专业的产品离不开背后专业团队的支撑。团队的专业性直接决定了产品市场竞争力。你需要从行业内筛选具有实战经验和专业背景的人员，吸引这些专业人才加入，还要在公司内部营造尊重专业、重视技术的氛围，以保持他们的工作热情和专业水准。

有了专业团队，你可以通过组织学习、内部分享、外部培训等多种方式，持续提升团队的专业能力，从而确保产品始终处于行业领先地位。

鼓励团队之间的合作与交流，有助于打破思维定式，通过集思广益带来更有创意的产品方案。创新的理念与专业的技能结合，往往能打造出让人耳目一新的产品。

专业化服务：提升用户体验感

专业化不仅体现在产品功能和品质上，还体现在用户服务上。一个爆品往往给用户带来的是顺畅、无障碍的使用体验。让用户真正感到产品的高效、便捷和贴心，才是你专业化的最终目标。

专业的用户服务从售前就开始了。从用户进入官网、阅读产品信息到进行咨询，你的每个环节都需要保持高水平的服务，确保用户在任何时候都能获得专业的解答和引导。例如，专业的售前客服会对产品细节了如指掌，能为用户提供针对性的建议和引导。

售后服务也是提升用户体验的关键。无论是产品退换、售后维修，还是使用咨询，都需要专业服务团队的支持。优质的售后体验不仅可以让用户感到放心，还会增强他们的信任度，提高复购率和推荐意愿。

展示品牌专业性：巩固用户的信任

展示技术专利、行业认证或者专业奖项等，能够使用户对品牌的专业性产生更为直接的认知。这些展示能传达品牌的专业实力，使用户觉得你的产品值得信赖。

你可以与客户构建长期的互动关系，维持高效的沟通以及提供优质的服务。当用户感受到你不仅提供了优质的产品，还在用心为他们服务时，这种信任会逐渐加深，最终形成对品牌的忠诚度。

迭代创新：用专业推动产品进步

一个真正能够引起轰动的爆品绝对不是静止不变的，它需要随着用户需求的变化而持续改进。

以专业度为坚实的基础，不断地进行创新和迭代，是让产品长期处于火爆状态的核心所在。就好比你可以通过引入先进的新技术，对产品的设计进行优化，从而增强产品的功能性和适用性。每一次的创新与提升都如同为产品注入了新的活力，可以使其在市场中更具竞争力。

对产品进行持续的细节打磨和优化至关重要。哪怕只是非常细微的提升，也能让用户深切感受到你的专业精神。这种精益求精的态度就像一把神奇的钥匙，可以打开用户信任度和忠诚度的大门。因为用户能够从这些细节中体会到你对产品的用心和执着。

　　从产品的每一个小细节，到品牌的整体呈现，无一不是专业化水平的生动体现。所以说，"足够专业"绝不仅仅是一句空洞的口号，而是打造爆品的核心竞争力。从产品的品质把控，到团队的建设培养，再到为用户提供优质的服务，以及品牌信任的逐步积累，每一个环节都离不开专业化的有力支持。只有这样，才能让产品在市场的浪潮中脱颖而出，成为真正的爆品。

第六章

借力营销策略

营销之道始于信任，成于价值。从争取第一个信任客户开始，借助免费试用与差异化折扣策略打开市场；通过数据分析持续优化营销效果，不断提升转化率。始终践行"为客户创造更多价值"的信念，实现品牌与客户的共同成长。

第一个客户的重要性

你可能已经准备好做一个创业者，但真正起步时，你要尽快找到第一个客户。这个初始客户不仅能为你带来收入，还能为你打开局面，帮助你建立声誉，验证产品价值，甚至提供宝贵的改进建议。

第一个客户是你的信任背书

获得第一位客户意味着有人愿意相信你的产品或服务，愿意为此买单，还向潜在客户传递了一种"值得依赖"的信号，让其他人看到有人已经在使用这项服务或产品，能让你从一个"空有想法"的创业者转变为一个"有市场验证"的企业主。

在与其他潜在客户接触时，你可以提到第一个客户的真实使用案例，这会让你的产品或服务显得更可靠，让潜在客户更容易被打动。

从第一个客户中发现问题与机会

第一个客户是你产品或服务的第一批"测试者"。他的反馈能直接反映产品的实际效果和用户体验。也许你在设计产品时有自己的一套想法，但客户真实的使用反馈可以带来意料之外的问题和需求，能让你看到产品的缺陷和不足，从而加以改进。

了解第一个客户的实际需求和使用体验，能够帮助你从用户的角度思考问题。这样，你会更清晰地知道哪些地方需要调整，哪些功能是用户真正看重的，以及如何进一步优化产品。

第一个客户的体验是你的口碑起点

在这个社交媒体和网络评论主导的时代，客户的评价会影响更多人。如果第一个客户满意并愿意留下积极的评价，这就是免费、有效的推广，能让你的品牌在市场中逐步获得客户信任。相反，如果第一个客户体验不佳，负面反馈将严重影响你的企业形象，使你在市场上难以站稳脚跟。因此，在与第一个客户的合作中，你需要关注每一个细节，确保服务无懈可击。

快速找到首批客户

第一个客户的案例就是你品牌故事的起点。你可以通过社交媒体、网站或市场推广活动展示第一个客户真实的使用反馈和使用情况，这样能让更多人看到你的产品真实应用的场景，提升企业的可信度。

有了第一个客户的付费支撑，你可以开始在产品优化上投入更多，也可以尝试小规模的营销实验，从而尽快找到首批客户。为了验证你的产品和市场假设，可以考虑开展小规模的试点项目。这不仅能帮你获取首批客户，还能为你提供宝贵的市场反馈。

所以，当你面对第一个客户时，你要用心去服务，让这个客户的体验成为你品牌的第一笔财富。通过提供优质的服务、关注反馈、不断改进，你会发现第一个客户的成功就是你迈向广阔市场的第一步。

永远的撒手锏：免费试用与折扣

在营销过程中，如何以有限的资源吸引客户？对小微企业来说，免费试用与折扣无疑是有效的手段。灵活地运用这些手段可以帮助你增加转化率、提升客户忠诚度。

吸引眼球，抓住潜在客户

消费者每天都会被各种广告信息轰炸，往往对陌生品牌保持戒心，而免费试用或大幅折扣能成功吸引眼球，激发客户的购买意愿。

免费试用的优势在于让客户无风险地尝试你的产品或服务，打消他们对未知品牌的疑虑。这种方式特别适用于产品有差异化优势或特色的企业。当客户体验到你的产品质量和服务后，他们的购买决策会更加坚定。免费试用还可以作为一种"体验课程"，让客户逐步了解产品的功能和价值，最终促成转化。

折扣的吸引力在于它让客户感受到超值。有限时间内的特价优惠往往能带来更高的成交率，因为折扣促销创造了"限时机会"，让客户产生"现在不买就会错过"的紧迫感。不管是新客户专属折扣、节日折扣，还是首单优惠，都能有效提高客户的下单率。

增加品牌曝光和用户转介绍

限时优惠或免费试用吸引了更多潜在用户关注和尝试产品，增加了曝光度。尤其在社交媒体上，免费试用或大幅折扣活动能够引起广泛传播，吸引潜在客户的注意。用户常会将这一优惠信息转发给他们的亲朋好友，从而让你的品牌得到更多关注。

如果条件允许的话，你还可以设计一些额外的激励措施，鼓励用户通过社交媒体分享他们的试用体验或促销活动。比如，你可以提供"分享有奖"活动，用户只需邀请朋友注册并体验你的产品，他们就能获得更多折扣或小礼品。通过真实的用户评价提高可信度，为你带来更多潜在客户。

提升客户忠诚度，建立长期关系

不要把免费试用和折扣视为一次性的促销手段，事实上，它们是构建客户关系的起点。当客户享受了你的免费试用或折扣优惠，体验到产品的价值后，他们会愿意继续与你的品牌建立联系。

你可以在试用结束或购买完成后再提供一些优惠措施或会员折扣，激励客户继续选择你的品牌。比如，向客户提供下次购买优惠、定期推送优惠信息等。尤其是对那些对产品表现满意的客户，你可以通过个性化的关怀和回访，使他们逐渐从一次性消费者转化为长期客户。

小心把握，避免过度依赖

免费试用和折扣虽然有效，但并非灵丹妙药。过度依赖折扣或过长时间免费试用，会让客户产生错误的价格预期，认为产品本身价值较低，从而影响后续的正价销售。所以，在设计试用和折扣活动时要小心把握，确保客户从中感受到产品的真实价值。

免费试用和折扣作为小微企业的营销撒手锏，能够为企业带来诸多好处。然而，成功的关键在于合理运用这些手段，小心把握，避免过度依赖，不是要让客户只关注低价，而是要让他们真正认识到产品的价值，建立品牌美誉度。

挖掘社区资源，精准定位用户群体

很多创业者会将营销重心放在线上流量、社交媒体或其他营销策略上，而忽视了身边触手可及的社区资源。要知道，社区是一座潜在的"金矿"，藏着大量精准用户。

社区是潜在的"金矿"

社区资源并不只存在于你所居住的周边区域。社区可以是物理存在的空间，如商圈、居民小区、学校等，也可以是线上社群，如客户微信群、论坛或兴趣小组等。其核心价值在于"本地化"和"关系的紧密性"。

社区内的成员关系密切、互动频繁，彼此间有更高的信任基础。他们因为共同的观念、兴趣爱好、消费习惯等聚集在一起，你可以通过成员间的分享和推荐，更容易、更快速地获得他们的认可，让你的品牌在社区中扎根。在营销初期，没有太多的广告预算和一定的品牌知名度，这时社区的认同会为你打开市场，甚至带来首批忠实客户。

识别资源：找到合适的"入口"

想要成功挖掘社区的"金矿"，需要清晰地识别出哪些资源是可以帮助你达成目标的。

从客户群体入手。你需要明确你的目标客户群体喜欢参与哪些活动、关注哪些话题。比如，你做亲子类产品，那么幼儿园、小学附近的活动是一个合适的突破口。参加或赞助他们的活动，可以使你快速接触到目标客户。

分析社区中的意见领袖。每个社区都有一些活跃分子，他们可能是社区小组的负责人、自媒体人，或是热心推广社区活动的人。与这些人建立关系，可以取得事半功倍的效果。

利用现成的社区活动和平台。社区内的节庆活动、义卖、跳蚤市场都是展示品牌的机会。通过免费试用、折扣优惠等方式吸引社区成员的注意，建立与他们的初步联系。

融入社区：构建长期关系

挖掘社区资源不能一蹴而就，而是一个需要长期努力的过程。你要逐步融入社区，成为社区的一部分。只有当你赢得了社区成员的信任，他们才会逐渐转化为你的忠实客户。

提供价值：建立信任基础

想在社区内树立良好的口碑，就要为社区带来实际的价值。比如，你可以提供免费的讲座、培训，以人们普遍关注的话题，为成员进行知识科普和信息分享。假设你经营一家健康食品店，可以组织营养讲座、健康食谱分享会等，这些活动能吸引客户，提升品牌的可信度。

倾听反馈：找到改进方向

了解并尊重社区客户的需求和偏好，能帮你更好地调整产品和服务。比如，你可以定期在社区举办产品试吃、试用活动，或通过社群平台进行调查，收集他们的意见。

保持互动：建立情感联系

你可以通过定期的交流和互动，比如节假日问候、邀请社区成员参与活动，逐步建立与社区的情感联系。这种情感联系会使你的品牌不再只是一个"商家"，而是成为"社区的一部分"。

当你在社区内站稳脚跟之后，可以考虑拓展到其他类似社区。根据已有的成功经验，你可以向其他社区复制你的推广模式。通过耐心经营和维护，逐步在社区中建立口碑，形成一个稳固的客户群体。这些社区客户将成为你的强大后盾，为你带来持续增长的动力。

数据分析，增强效果

有效的营销并不是盲目投放广告、推出产品，而是要借助数据了解市场，让每一个决策都更有针对性，真正产生效果。企业可以通过有效的数据分析明确策略方向，优化资源配置。

数据分析：决策的指南针

想象一下，在没有进行数据分析的时候，你可能会盲目地在社交媒体上投放广告，但并不知道效果如何；或者在推出一个促销活动后，无法判断它是否吸引了目标客户。而数据分析可以让你清楚每一笔投入的产出比，使你的营销计划更精准、投入更有价值。

依托数据作决策！

你可以通过数据了解客户的偏好、消费习惯，洞察哪些营销手段能真正吸引到客户。这样，你的决策将不再是基于感觉，而是基于具体的证据和事实。

确定目标：要分析什么数据

在进行数据分析之前，你要明确你的营销目标。以下是几个常见的营销目标和对应的数据类型。

提高品牌曝光度：如果你想扩大品牌知名度，就要关注访问量、社交媒体互动次数、广告的展示次数等。这些数据会让你明白，哪些渠道更容易提高曝光度，哪些内容更受用户欢迎。

提升客户转化率：如果目标是提高销售转化率，就要关注点击率、跳出率、销量等数据。这些数据能帮你判断广告或网站页面的有效性，知道哪些内容能引导用户进行付费。

提高客户留存率：如果你想提高客户的复购或互动频率，就要关注客户的购买频次、访问时长、回访率等数据。你可以从中了解客户满意度和产品对客户的吸引力。

这些数据会直接影响你后续的营销策略，所以在分析之前，一定要明确目标，找准方向。

精练数据：提取有效信息

在数据分析过程中，你要从中找出模式和规律，提炼出对优化营销策略有帮助的信息。

识别用户行为模式：分析数据的重点之一在于了解客户的行为模

式，比如哪类广告点击率高，哪些产品页面用户停留时间长。你可以从中洞察用户的购买习惯，并有针对性地优化内容。

分析客户需求：很多小微企业的成功源于其对客户需求的深入了解。通过分析用户评论、反馈数据，你可以清楚地知道用户的喜好，为你今后的产品迭代提供宝贵的参考。

找出表现最佳的渠道：从数据中，你可以判断哪些推广渠道带来了更高的回报。例如，你可以知道哪个平台的互动率高，哪个平台更适合展示产品信息。这样，你可以把有限的营销预算分配到更有效的渠道上。

数据驱动：建立可持续的营销系统

数据分析既能帮助你优化现有营销活动，增强短期营销效果，又能预测未来市场趋势、发掘新的客户需求，为企业建立可持续的营销系统。数据驱动的决策系统尤为关键，它可以帮助你在市场波动中找到方向，让每次决策都有数据支持。

数据就像一位忠实的参谋，能帮你在变化的市场中保持方向感，让每一项决策更加稳健。通过数据驱动的营销，你将发现更多潜在的市场机会，让企业在稳步发展中不断突破。

优化流程，提高转化率

获客不易，尤其在有限的营销预算下，提高每位客户的转化率是企业成败的关键，这需要你在经营过程中不断完善和改进策略。

清晰地梳理整个客户转化链路

从首次接触到最终成交，客户要经过哪些关键节点？每个节点的转化率是多少？通过数据分析，你会发现某些环节的流失率特别高，这些就是需要重点优化的地方。比如，很多人浏览了你的产品介绍，但极少有人留下联系方式，这说明产品展示或价值传达可能存在问题。

你可以建立完整的数据追踪体系。从流量来源、停留时间、跳出率，到咨询量、成交率、客单价，每个环节的数据都要准确记录。这些数据将成为你优化决策的依据。

增强首次接触效果

第一印象通常决定后续转化的可能性。

优化产品展示方式。无论是线上展示还是实体展厅，都要注重视觉冲击力。使用高质量的图片、简洁清晰的文案，突出产品核心价

91

值，争取在最短时间内吸引住客户的兴趣。

不要急于推销，而是要通过有价值的内容建立信任。比如，你可以分享行业知识、使用技巧或成功案例，让潜在客户感受到你的专业性。内容不需要太花哨，突出实用性和针对性。

提高沟通转化效率

客户咨询是转化的关键时机。

加快响应速度。在客户产生购买意向的黄金时间，快速响应至关重要。你可以准备几个常见问题的标准答案，配合灵活的个性化回复，这样既能保证效率，又能满足特殊需求。

培训销售技能。注重对销售人员的专业培训，指导他们倾听客户需求，准确把握购买信号，合理化解疑虑，更好地帮客户解决问题。

提升成交转化率

让犹豫的客户做出购买决定。

设计合理的促销策略。价格折扣不是唯一的促销手段，你可以通过增值服务、延长保修期、赠送配套产品等方式提供更多价值。设计促销方案时，要注意平衡短期转化率和长期客户价值。

降低购买门槛。分析客户犹豫的原因，有针对性地消除其顾虑。比如提供分期付款选项、无理由退货承诺、免费试用等，让客户能够更放心地做出购买决定。

提高复购率和推荐率

老客户是最容易转化的群体。

建立会员体系。设计合理的会员权益，让老客户享受到专属特权。你可以提供优先购买权、专属折扣、定制服务等。重点是要让权益真正满足客户需求，而不是流于形式。

激励客户推荐。口碑传播是最有效的营销方式。你可以设计推荐奖励计划，但更重要的是提供值得推荐的产品和服务。只有客户真正感到满意，他们才会主动向他人推荐。

持续优化和改进

转化率提升是持续的过程。

定期分析数据表现。每月回顾各环节的转化数据，找出表现异常的环节，分析原因并做出及时调整。要特别注意同比、环比的变化趋势，发现潜在问题。

收集客户反馈。主动询问成交和未成交客户的意见，了解他们的决策考虑因素。这些第一手信息对优化转化流程非常有价值。

每提升一个百分点的转化率都意味着更多的收入和更强的经营效果。保持耐心，专注于每个环节的细节改进，你的企业就会迎来好的局面。

练习表达技巧，传递品牌价值

　　无论在哪个行业，能够清晰、有力地表达自己观点的人总能赢得他人的信任和支持。你的理念、产品价值和品牌故事若能恰到好处地传递到客户心里，便能打开一片市场。无论是吸引客户、商业谈判，还是管理团队，"会讲话"都是一种影响力的构建。

　　在营销过程中，表达精准、专业、富有感染力可使品牌更具吸引力、更有辨识度，提高客户对品牌的忠诚度。

品牌定位清晰，让客户一听就懂

　　清晰的品牌定位可以让客户在最短时间内了解你的产品。你要让客户一听就懂，并迅速抓住品牌的独特性，进而产生购买的兴趣。如果你专注于天然护肤品，不妨将产品定位为"守护健康肌肤的自然之选"，而不是笼统地说"我们专注于护肤"。要让客户明白，你的产品和服务是专门为他们设计的。

　　在表达品牌理念时，聚焦于客户能够直接受益的点。用客户熟悉的语言、关注的利益点来讲述品牌，会更容易获得他们的认同。

　　构建品牌故事：每一个品牌都有自己的故事，尤其是小微企业，个人色彩越浓，就越容易让客户产生情感共鸣。试着从创始人的故事或品牌使命出发，讲述一个让人印象深刻的品牌故事。比如"创始人自己是敏感肌，因此我们致力于解决敏感肌肤的护肤需求"。真实的故事会提高品牌的温度和可信度。

当你通过品牌定位和故事讲清楚"你是谁"时，就能在客户的内心埋下种子。让客户知道你的不同之处，明白为什么要选择你，这便是讲得好的第一步。

用顾客熟悉的语言来讲故事。

讲得专业而自信——在市场竞争中赢得信任

创始人是天然的品牌代言人，客户和合作伙伴会通过你的表达来判断你是否值得信任，因此表达时的专业性和自信尤为重要。你必须熟悉产品的每一个细节，了解产品的功能、成分、适用人群等。面对客户的任何疑问，都能清晰、自信地回答。

表达中多加入真实的数据和成功案例，能让客户更有信心。如果你是食品生产商，可以说："我们严格执行有机标准，98%的用户反馈对产品非常满意。"数据让你的讲述更有说服力，案例则让你的表达更具象化。

专业知识的储备、自信的表达以及数据和案例的辅助，可以让你赢得客户的信任，而信任是客户在选择你时最重要的考量因素之一。

既要讲得好又要讲得巧

创业者需要根据不同的场合和对象，灵活调整沟通方式，让信息传递更高效。当下，线上线下的多渠道沟通已成为必需。短视频、社交媒体直播、文章分享等方式，可以多维度展现产品，让客户可以随时找到并了解你的产品。

对不同的客户群体要有所侧重。例如，对注重性价比的客户，应着重介绍产品的实用性和优惠活动；对追求高品质的客户，则强调产品的质量和工艺等。要练习用精简的语言清晰传达要点，做到言简意赅。

"讲得好"并不是天生的能力，而是需要在实战中不断磨炼的技能。要在实践中逐步提升表达能力，抓住每一次与客户沟通的机会。

学会借力，巧妙蹭"热度"

　　在创业过程中，如何有效借助外部资源、善用热点话题，以更低的成本获得更广泛的关注呢？通过借势营销和热点运营，你可以将已有的市场资源和流量为己所用，让你的品牌快速出圈。

巧妙搭载大品牌的"顺风车"

　　在有限的资源下，你很难直接与大品牌正面竞争，但你可以巧妙搭载他们的"顺风车"，与他们共享流量。在一些跨界合作中，大品牌会同小微企业合作，既能彰显品牌的开放性，又能为客户提供更多选择。

　　例如，你创办了一家有机食品店，可以尝试与大型健身房品牌合作，提供健康小吃或饮品作为会员福利。在提升品牌曝光度的同时，也借助大品牌的背书赢得了潜在客户的信任。要学会把握机会，借助合作伙伴的优势，将品牌带到更广大的客户群体面前。

关注热点话题，快速响应

　　对小微企业而言，蹭热点是一种以较低成本获得曝光的好办法。你需要关注社交媒体的流行趋势、新闻和节庆活动，找到与品牌关联度较高的内容，快速响应。

比如，当一个节庆日即将到来时，你可以设计与节日相关的产品、推广活动或社交媒体内容。如果是情人节，你可以发布甜蜜主题的折扣活动或特定的限时产品，或者在热点事件发生时迅速响应，发布相应的观点或产品推荐，把品牌融入热点当中。这种快速响应的方式能让你的品牌在市场中保持存在感。

内容营销：把品牌带入客户的生活场景

内容营销是小微企业借力的重要手段。通过输出有价值、吸引人的内容，你可以在客户的生活场景中建立起品牌形象，从而提升认知度。将品牌内容与热点事件或话题相结合，能让客户更自然地接受并了解你的产品和服务。

利用"网红"，扩大品牌影响力

网红和KOL（关键意见领袖）对消费者具有较大影响。如果你的预算有限，你可以找一些非头部的网红，他们的粉丝数虽然不多，却有着较高的忠诚度和活跃度。找到与你产品定位相符的网红并与之合作，也可以在目标人群中快速地打响品牌知名度，扩大品牌影响力。

借助用户生成内容，提升品牌真实度

用户生成内容（User Generated Content，UGC）是一个非常有效的借力方式，不需要大量的广告成本，就能为你带来口碑营销。通过鼓励用户分享他们的使用体验，你可以获得真实的反馈和免费的品牌推广。

你可以设计一些有趣的活动或话题，激励用户参与，比如鼓励客户在社交媒体上分享使用体验，并给他们提供小奖品或折扣。这不仅能够提高客户的参与度，还能带来口碑效应。当下，人们更愿意相信身边人的推荐，UGC就能很好地利用这一点，让品牌传播得更加自然和真实。

你可以通过借助大品牌、蹭热点等营销方式，找到快速提高品牌曝光度的途径。当然，你要找到适合自己品牌的借力点，而不是盲目跟风。

增加客户的参与感

随着客户的选择越来越多，仅提供优质的产品和服务已不再有吸引力。你需要让客户在企业的运营和发展中找到属于自己的参与感，让客户成为品牌的忠实拥护者和自然传播者。

参与感的意义

增强客户的参与感，不只是让他们购买产品，还要让他们觉得自己是你企业的一部分。参与感让客户不再是被动的购买者，而是积极的合作者。如果他们的意见和需求可以得到重视，他们就会更愿意去推荐你的品牌。

创造共创体验

如果你经营一家咖啡馆，不妨定期推出"顾客推荐饮品"活动。顾客可以提交他们对饮品的新想法或口味偏好，你可以从中选出一些方案来试做。在这样的互动中，客户会更加愿意为店铺提出建议，增强了用户的参与感。

利用线上活动与客户互动，创造一种"共同记忆"，加强彼此的连接。例如，利用社交媒体发起一场"使用心得有奖分享"活动，让顾客在自己的社交平台上分享他们的体验故事，配合主题标签，打造线上讨论热潮。你还可以随机抽取参与者给予小奖励或折扣券，这样既提高了客户对品牌的忠诚度，又在无形中进行了品牌宣传。

主打一个参与感。

提供定制化服务

定制化服务是增强用户参与感的有效方式之一。你可以根据客户的喜好或需求，提供个性化的产品或服务选择。如果你经营一家零食店，可以推出客户自主选择的"专属口味零食盒"，让他们在多个产品中自由搭配。这种"专属定制"的感觉可以增强客户的体验感，让他们感到品牌的贴心。特别是在消费者的需求多样化的当下，个性化服务能带来更高的满意度和市场认可度。

客户的参与感是你可以无限开发的"资源宝库"，能把客户变成忠实粉丝，将企业的品牌价值传递出去，形成裂变效应。在客户的参与下，你的品牌更能满足市场需求，而这种基于信任和情感的关系将会更加牢固、持久。

分清"好客户"与"坏客户"

　　许多创业者会认为，只要有客户愿意购买产品或服务就是成功，这并不完全正确。并非所有客户都会为你的业务带来正面的影响，有些客户可能消耗了大量资源，却无法为企业提供相应的回报。如何分辨"好客户"与"坏客户"，并有效管理这两类客户，是你必须掌握的重要策略。

"好客户"与"坏客户"的定义

　　在创业初期，你可能会有一个目标：获得尽可能多的客户。这种想法在初始阶段无可厚非，但随着业务的稳定，你会发现客户质量才是成功的关键。"好客户"是那些认同你的品牌价值、愿意支付合理价格，并与企业建立长久关系的购买者。而"坏客户"可能极其挑剔，喜欢讨价还价，甚至在获得服务后带来不必要的麻烦。这类客户通常无法为企业提供长久的价值，反而会占用大量资源。

好客户的特征

　　好客户不会随意要求你改变产品或服务的核心特色。他们会更关注产品或服务的质量，而不仅是价格。他们愿意为高品质的服务支付合理的费用，这也是你能够维持业务发展的重要基础。

另外，好客户会有较高的忠诚度，会持续消费并积极帮你传播口碑，这比任何广告都有效。他们在与企业沟通时态度积极，能够理解和接受企业的运作流程，不会无端要求你提供额外的服务。

坏客户的特征

坏客户往往在乎的是低价，甚至质疑定价的合理性。他们常常会占用你大量的时间和资源，可能对产品或服务提出极多无理的要求，或在合作后频繁投诉，导致售后工作压力增大。这不仅会影响你的资源分配，还会影响其他客户的体验。

坏客户缺乏忠诚度，对你的品牌没有情感上的依赖，在市场上找到更低价的替代品后会迅速流失。有些人还会将对产品的误解或负面情绪传播给他人，影响品牌口碑。即便这些问题可能并非源自产品本身，但会因沟通不畅或期待过高而导致负面评价的产生。

如何甄别"好客户"与"坏客户"

为了在业务中更有效地分配资源，你需要在早期就学会甄别客户的特征，并根据判断调整客户策略。以下是一些实用的筛选方法。

初步沟通判断：在与客户接触的初期，可以通过客户的提问和反应来大致判断其期望和态度。一个总是过度关注价格的客户，可能就是后期不断压低价格、要求过多服务的风险客户。

设定准入条件：有时，你可以在沟通中设置一些门槛，确保进行合作的客户是符合标准的。比如，对于过度关注折扣的客户，可以提示标准价格和服务内容，让对方更理性地选择是否合作。

售前合同或协议：为避免后期纠纷，你可以制作一份标准化的合同，明确服务条款和收费标准，这样可以提前筛掉一些不尊重服务或总是有额外要求的客户。

参考过往案例：对于有购买经历的客户，可以查看其历史行为来判断是否符合"好客户"的标准。如果某位客户经常投诉或要求免费服务，那么后续合作中要谨慎处理。

如何管理坏客户

对小微企业而言，坏客户并不总是意味着立刻断绝关系，你可以通过策略性的管理来消除他们对企业的负面影响。

对于那些爱讨价还价或提出无理要求的客户，你可以提前设立服务的边界，告知你的服务内容、价格和售后规定。保持专业，不要因为客户的抱怨而轻易打破规则。对于一些并非主观恶意的坏客户，通过有效沟通可能改善合作关系。试着了解客户的不满之处，看看是否有合理的方法达成共识。

有些坏客户喜欢"附加服务"，你可以设立额外收费的标准，明确增值服务的价格，避免客户过度占用资源；如果某些客户确实对业务发展毫无助益，甚至会带来更大的负面影响，你就可以在合适的时机终止合作。

聚焦好客户，优化服务

与其花费精力去挽留坏客户，不如把资源和精力放在好客户的身上，通过优化他们的体验来提高忠诚度。小微企业资源有限，服务好真正能带来价值的客户，才能实现可持续的增长。

建立VIP客户制度：针对忠诚度较高、贡献度较大的客户，你可以设置一些专属的优惠或增值服务，增强他们的归属感。

收集反馈，优化服务：好客户的反馈是产品和服务优化的最佳来源。定期收集他们的意见，有针对性地改进服务，能帮助企业在行业中保持竞争力。

保持互动与沟通：与好客户建立紧密的沟通联系，了解他们的需求变化，及时推出相应的服务或产品，这将进一步加强品牌与客户之间的联系。

分清"好客户"与"坏客户"能够让你更好地分配有限的资源，避免浪费时间和过多的资金投入。这并不是让你拒绝所有有挑战性的客户，而是提醒你在创业初期要学会甄别客户。在创业的过程中，你不只是需要客户，更需要优质的客户。

多做一点儿，为客户创造价值

无论是在产品品质、服务体验，还是客户关系上，多做一点儿，往往能赢得客户的信任和好感，使他们成为你的忠实支持者。

"多做一点儿"能带来大回报

"多做一点儿"可以使客户体验超出预期，让客户觉得物有所值，甚至物超所值。客户在潜意识里把你的品牌与"关怀""贴心"联系在一起。这种情感上的连接会比单纯的产品宣传更有力，更能帮助你建立牢固的客户群体。

在产品上多做一点儿

作为创业者，你可以在产品上投入更多精力，以达到"超出预期"的效果。

注重细节设计：一些小细节可能不会影响产品的核心功能，但会显著优化用户体验。例如，你是一家做食品的小企业，为产品包装设计出小贴士、食用方法，或者附上一些贴心的提醒，客户会更容易感受到你的用心。

超出期望的品质：当客户预期是一件标准的产品，你却提供了更好的质量和工艺，他们会感到惊喜。比如，同类产品中选择更优质的材料，或提供更多的功能，会让他们感到"物超所值"，提高对品牌的好感度。

个性化体验：小微企业可以利用小规模的优势，灵活满足客户个性化需求。比如，为客户量身定制的商品包装、特别的刻字或专属的留言，都能拉近客户与品牌的距离。

在服务上多做一点儿

你可以主动询问客户的需求，及时关注每一个问题，甚至在问题出现之前提供帮助。

小微企业可以建立更直接的沟通渠道，及时解答客户的疑问，展示出积极的态度。有时，客户并不直接表达出需要帮助，但你可以通过沟通察觉他们的购买行为来提供帮助。比如，客户在咨询某款产品时表现出犹豫，你可以适当给予相关建议或提供类似产品的比较，帮他们做出更好的决定。

为产品提供比行业平均水平更长的保修期，或赠送免费售后维护服务，可以体现自己对产品质量的信心，也可以让客户在购买时更有保障感。主动提供定期的维护和检查服务也是一种让客户感到满意的方式。当客户遇到问题或投诉时，尽可能在第一时间解决，并附带一些意外的小惊喜。这种小惊喜会让客户的负面情绪得到有效缓解，甚至变成口碑传播的动力。

从"多做一点儿"到"让客户多说一点儿"

"多说一点儿"可以表现在口头推荐、社交媒体分享，甚至是品牌忠诚度的无形提升方面。企业越用心服务客户，就越容易赢得客户的信任，他们就更愿意主动为你的品牌"站台"。

鼓励客户在社交平台上分享他们的体验，你可以设置一些激励措施，比如给予优惠或奖励积分，或者定期开展调研活动，用于产品的改进，并在更新时给予客户特别感谢。对于忠实客户，可以将他们发展为品牌大使。

无论是在产品、服务还是售后上，关注细节都会为你带来长远的回报，你的每一份付出都是在为未来积累口碑。

第七章

运营小团队

一个精干的团队往往比庞大的组织更具竞争优势。而如何找到志同道合的最佳拍档？如何通过科学的任务分配激发个体潜能？如何用精简的流程打造快速反应机制？这些都是构建高效团队的关键所在。

寻找最佳拍档

当业务逐渐扩展，任务愈加繁杂，你会发现，单凭一个人或现有的团队已无法满足企业的发展需求。这时，你需要更多的帮手。但在创业初期，团队的扩张不是简单的招聘员工，而是对资源、文化、信任和管理能力的全面考验。

作为创业者，不仅要负责日常运营，还要关注市场、财务、产品开发和团队管理等多个方面。一个人力有不逮，而一位合适的拍档则能补充技能，共担责任，彼此可以激发思维，共同突破成长瓶颈。

寻找伙伴的关键特质

在选择团队伙伴之前，你需要清晰地定义哪些特质是需要真正看重的。成员要有能力，更要具备和你相容的性格与价值观。创业路上，默契、信任、包容都是不可或缺的。

目标一致：最重要的是，你和合作伙伴要有相同的目标和发

必须找到能力和观念相匹配的人！

展愿景，确保彼此都看向同一个未来，才能顺利合作。

价值观契合：在创业中，价值观差异会影响重大决策。如果你重视客户体验，而对方更看重利润，那么在营销和客户管理上都可能出现分歧。而价值观契合能避免不少不必要的冲突。

能力互补：合作伙伴最好与你所欠缺的技能或资源形成互补。比如，你擅长技术，那么他就可以负责市场或运营。同时，对方带来的新视角和新特长也能拓宽你的思维，推动事业平稳发展。

信任和包容：信任是合作的前提，创业路上难免有失误和分歧。选择一位彼此信任、能够包容对方的伙伴，能避免小问题发酵为大冲突。

如何寻找"最佳拍档"

先从自己的人脉圈入手，看看是否有在专业能力或价值观上匹配的朋友、同事或前同学。已有的熟人关系更容易建立信任，也能让你对拍档的背景有更深的了解。

加入行业相关的社群或参加创业者聚会、线下活动等，可以遇到志同道合的创业者。很多有创业经验或对创业感兴趣的人会出现在这些地方，增加你的选择可能性。

务必在一开始就明确沟通双方的期望。可以尝试一起完成一些小项目，看看在合作中是否合拍。在明确沟通中，你可以逐渐了解对方的思维方式、决策方式以及对不同情况的应对态度。

合作中的注意事项

定期沟通：保持频繁而透明的沟通，让双方都能及时了解业务发展情况。避免各自埋头苦干，沟通少了容易产生误解，拖延问题的解决。

明确分工：在职责上最好明确划分，尽量避免重复劳动或责任重叠。让对方在自己的领域中拥有独立决策权，避免过多干涉对方工作。

共同参与关键决策：在涉及企业长期发展的重大决策时，双方应共同参与、讨论，确保对彼此的观点有充分了解，避免在做重大决策时产生冲突。

共同承担成果和风险：合作关系意味着共同分担责任。在企业发展顺利时，收益应合理分配，互相认可并肯定对方的付出。在遇到困难或风险时要共同面对，不互相指责，才能共同渡过难关。

找到"最佳拍档"并不容易，需要你耐心筛选和磨合。一旦找到这个真正理解并支持自己的人，创业的路上就不再孤单，甚至会充满乐趣。

任务分配见真功

创业者不但要确保业务方向的正确性，更要在团队执行中发挥领导和管理的作用。面对有限的资源和人力，任务分配成了检验管理能力的关键。要想让小团队高效运转，让每一位成员发挥所长，任务分配见真功。

良好的任务分配不仅能减少资源浪费，还能提升团队凝聚力，让每个成员都在合适的岗位上高效输出。

小微企业通常人手有限，大家要"一专多能"，各自承担多项职责。因此，任务分配应该围绕以下几个方面展开：

提高效率：让合适的人做合适的事，能够让工作事半功倍。

增强团队协作：明确每个人的角色和责任，让每位成员更清楚自己在整个业务流程中的位置和作用，增强协作的默契程度。

避免决策瓶颈：赋予团队成员一定的自主权，可以让你从细节中解放出来，关注更重要的战略事务。

任务分配中的原则

有效的任务分配可以帮助你在任务分配中做到井井有条。

明确目标与期望：在分配任务之前，需要明确每项任务的具体目标和期望结果。任务目标越清晰，团队成员执行起来越有方向感，也更容易评估完成质量。

根据成员能力分配：了解团队成员的优势和专业领域。能力匹配能让成员快速上手任务，提升工作效率。

设置优先级：在任务堆积时，要明确优先级，有助于团队保持目标一致，不轻易偏离主线。

赋予自主权：给成员一定的自由空间，让他们在自己的领域中自主决策。信任团队成员，有助于激发他们的责任感和创造力，同时也减少了沟通成本。

任务分配的实际步骤

任务分解：将一个大任务分解为具体的小任务。让团队成员能够更清晰地了解每一步的工作内容和预期成果。这一过程也让任务更具有可操作性。

选择合适的人选：结合成员的兴趣、技能和过往表现，找到"最合适的那个人"。如果有些任务跨越多个领域，可以考虑组成小组共同完成，让不同成员的优势相互补充。

确定时间节点：每项任务都要有明确的完成节点，避免出现拖延影响整体进度的情况。这是协调各项任务节奏、确保项目整体进展顺利的保障。

提供支持和反馈渠道：建立反馈渠道，可以让他们在遇到困难时及时寻求帮助，从而提高任务的顺利完成率。

任务分配中的常见误区

在进行任务分配过程中，可能会遇到一些误区，影响任务的执行效果。了解这些误区，便于你在管理中避免陷入困境。

过于平均化分配任务：不同成员的能力和经验不同，平均分配任务可能让效率下降。根据实际情况进行灵活调整，才能发挥出每个人的优势。

忽略任务追踪：任务分配之后要随时关注任务的进展情况，确保成员按时完成。过度依赖成员的主动性，会导致任务延误。所以，在不干扰的前提下，适时跟进任务进度，帮助团队保持节奏。

承担所有决策权：给予成员一定的决策权，让他们能在职责范围内进行自我管理。

忽视任务总结和反馈：任务完成后，不总结和反馈会让团队难以提升。及时回顾任务执行中的优缺点，总结哪些方法有效，哪些需要改进，能帮助团队在下次执行时更加高效。

任务的科学分配不仅能改进结果，还能让整个团队的工作氛围和合作关系得到改善，让团队在创业路上高效前行。

简化流程，快速反应

在复杂多变的市场环境中，反应速度往往比规模重要。简化流程，打造一个灵活高效的"快速反应小组"，有利于在有限的资源和人力条件下迅速应对市场需求，捕捉商机。

简化流程

随着业务的发展，复杂的流程会逐渐渗入企业的运营之中。虽然流程能确保某些业务环节的顺畅，但若过于冗长、烦琐，可能会影响团队的响应速度，造成信息延误、决策滞后，甚至会错失机会。

简化流程是提高效率、减少浪费的重要步骤。可以在流程中去掉不必要的审批和汇报环节；在流程设计中注重岗位职责的清晰划分，让每个人都明白自己在流程中的位置和作用；利用及时沟通工具，减少内部沟通层级。

快速反应

简化流程有利于企业的敏捷化，其核心特质是高效、灵活和创新。小微企业组织架构简单，非常适合建立快速反应小组，专注于市场变化、客户反馈和突发事件，让企业始终保持高效的市场反应速度。

每位成员都具备多样化的技能，能够灵活应对多种任务，确保团队的高效性，还能在不同任务中灵活调动和配合。

管理者尽量挑选善于多任务处理、能够抗压的成员，明确职责，授予他们一定的自主权，保证团队专注于市场响应和创新。

尽可能确保团队拥有完成任务的工具、预算和信息资源。在日常运营中，一个灵活的反馈机制能确保信息同步，及时共享成果。

持续优化流程

持续优化流程能让团队更具适应性，提高效率。

定期对团队的工作进行总结，分析哪些流程是有效的，哪些流程可以继续简化，找到影响环节并加以改进。

"快速反应小组"成员最了解工作总的实际情况，所以他们的反馈和建议对于流程的优化非常重要。倾听他们的意见，找到更好的流程设计方式。

定期为团队成员提供相关培训，让他们始终处于先进水平。

建立应急预案，能确保团队在突发事件中快速应对，保证效率。

简化流程提升了企业的运营效率，打造一个快速反应团队，让企业能够持续适应市场变化，成为长期竞争力的重要组成部分。

团队潜能巧激发

团队潜能的释放是人力资源的有效利用，能推动公司成长。那么，如何在创业过程中巧妙激发团队的潜能呢？

设立清晰的目标

一个明确、积极的目标能够激发团队的斗志，让每个成员感受到工作的意义。目标要具体可行，同时要具有挑战性，能够激发成员的潜力。例如，将某个季度的销售目标与团队的任务挂钩，让每个人都清楚自己的责任。让每个成员都知道，他们每一步都是在为企业的未来而努力。

创造开放的沟通环境

在日常工作中需要相互协作，发挥各自的作用。你可以通过每周的例会、反馈会议等，鼓励成员分享想法和见解，让每个人的声音都有机会被听见，成员之间的交流也更加顺畅。

作为领导者，倾听团队成员的反馈甚至批评是对他们想法的尊重。建立信任感，不断鼓励团队提出创新性解决方案。在开放的沟通氛围中，成员会更愿意尝试新方法，为公司贡献他们的智慧和创意。

给予适当的自主权，激发责任感与主动性

适当的自主权能让成员感觉到他们是企业中的真正一员，并不只是执行命令的工具。管理者赋予他们决策权，他们会用心去承担责任，让团队的潜能得到进一步释放。

例如，如果你的团队成员在设计产品或服务时有独到的见解，可允许他们根据市场反馈进行调整。这样既可以提升员工的工作热情，又可以带来意想不到的创新成果。

提供持续学习和成长的机会

不断学习的机会是激发团队潜能的因素之一。你可以邀请外部专家授课，甚至鼓励团队成员参加行业会议、阅读相关书籍等，帮助他们保持对工作的热情和好奇心。

每个人的职业目标和学习需求不同，有条件的企业可以试着给予成员个性化的成长支持。团队的成长和成员的个人进步相结合，会形成良性循环，不断激发团队的潜力。

增强成员归属感

成员为公司付出努力时，会期望得到认可和鼓励。颁发小奖励、给予奖金等都有助于增强成员的归属感，调动他们的积极性。

在表彰团队时，既要看结果，又要看他们的努力和创新过程。这能够鼓励成员不断尝试，主动承担责任，并持续为公司创造价值。

构建积极的团队文化，形成共同的价值观

积极的团队文化可以将不同背景、不同性格的成员凝聚在一起。你可以通过日常管理实践、团建活动等方式，让团队形成共同的价值取向和目标追求。比如定期的团队聚会、户外活动等，能够加深成员之间的信任，彼此支持。

每个成员都有独特的才华与技能，作为领导者，要用心去激发这种潜力，使团队更有活力和竞争力。

资源整合，形成合力

资源整合是克服企业资源不足、增强竞争力的重要方法。整合身边资源能够节省成本，借助外部力量迅速打开市场局面。

小微企业可能在资金、人员、市场渠道等方面存在各种不足，而资源整合可以最大化地利用现有资源，比如通过合作来获取市场资源、技术支持等，把企业带到一个新的高度。运用灵活性不断调整策略，可以不被单一资源的限制拖慢发展速度，更好地应对市场挑战。

如何开始整合资源

整合资源的第一步是了解自己的企业需求。你的目标是扩大市场份额、提升技术水平，还是增进客户关系？明确目标后，资源整合的方向也会更加清晰。

然后列出已有资源，包括产品、服务、技术、人脉、客户等，明确哪些是你可以提供的价值。了解公司的短板，是资金不足、缺乏人才，还是影响力不够？只有解决这些问题，你才能做到有的放矢。

关键策略

寻求合作，建立共赢关系

合作伙伴可以是上下游供应链的企业，也可以是同行，可以以共同分担成本和风险的方式协同发展。假设你经营的是一家小型服装设计公司，可以和布料供应商、加工厂商合作，利用他们的优势弥补自身的不足。供应商可以给你提供优惠的价格，你可以帮他们拓宽销售渠道，实现互利。

> 互惠互利，何乐而不为呢？

借力客户资源，打造品牌效应

优秀的客户资源能带来更多订单，帮助企业快速建立品牌效应。你可以利用鼓励机制，如老客户带新客户给予优惠，让客户为公司多做宣传。

还可以让老客户参与到新产品的测试体验中，利用他们的反馈不断优化产品。这样既提高了客户忠诚度，也让产品更贴合市场需求。

以共享经济的方式降低成本

你可以考虑共享设备、办公空间，甚至是一些人力资源。这样能降低运营成本，减少资源闲置带来的浪费。

如果你在初创期暂时不想购买昂贵的设备，可以考虑租赁或与其他公司共享使用。这样既节省了购置成本，又能通过资源整合提升企业的运营效率。

借力行业平台，提升知名度

如今，许多小微企业可以借助行业展会、论坛、线上平台来宣传自身的产品和服务。在这些平台中，你可以同潜在的客户、合作伙伴直接沟通，快速提升企业的知名度。

资源整合中的注意事项

资源整合也有风险，比如合作伙伴的不稳定性、客户需求的变化等。你要评估整合的风险，提前制订应对方案，确保其效果不会受到过多的负面影响。

在与合作伙伴和客户的合作中要保持透明和信任，确保双方利益的合理分配。

整合资源并不是一次性完成的，而是一个持续的过程。你要定期审视整合的效果，及时调整策略，以适应市场的变化。在这个过程中，你可以弥补自身的短板，最大化地利用外部资源，以降低成本，提升竞争力，帮助管理者在激烈的市场竞争中找到自己的生存空间。

在小红书上巧做推广

小红书已成为小微企业推广、营销和吸引用户的重要渠道。在小红书上推广产品或服务需要精准的定位、优质内容的持续输出和巧妙的互动及数据分析。你要熟悉平台的用户属性，灵活运用小红书的算法和推荐机制，让内容得到最大程度的曝光。

定位清晰，打造品牌特色

在小红书上，每个账号都要具备清晰的定位。你可以结合品牌特色和用户需求，找到独特的内容方向。

确定内容风格：考虑分享生活方式、购物指南或产品评测等内容，让品牌风格鲜明起来。

人物设定塑造：小红书用户偏好真实感强、接地气的账号，你可以以"创业者""行业专家"或"生活达人"等人物设定打造账号。

差异化设计：在简介、头像和封面设计上尽量一致，突出品牌的独特之处，让用户对你的账号产生记忆。

输出高质量内容，吸引关注

小红书上的相关选题可以是实用技巧、产品推荐、创业故事等。

通过研究热门话题和用户评论，你可以找到用户关心的内容进行输出。封面图要简洁清晰，吸引用户眼球。可以使用品牌色彩或图标，让封面具有辨识度。标题要生动，直指用户的需求，比如"适合日常的实用好物""创业路上的3个避坑法则"等，激发用户点击的欲望。

运用平台算法，提升曝光率

小红书的推荐机制主要基于内容质量和用户互动。你可以通过以下方式提升笔记的曝光率。

设定关键词：在标题和内容中合理植入与品牌或产品相关的关键词，增强内容在搜索中的出现频率。

定期更新内容，增加账号活跃度：每周尽量发2~3篇高质量的内容，用户点赞、评论和转发都会影响推荐量。

评论区积极互动：可以通过评论区互动或设置问题来引导用户的参与。

数据复盘，优化内容策略

记录每篇笔记的互动情况，包括点赞、评论、转发等数据，以此分析了解用户对内容的偏好。观察高互动内容的关键词和标题风格，总结出更能吸引用户的写法。建立复盘表，记录每篇笔记的数据表现，定期总结复盘，发现内容优化方向。

特别提醒一下，学会复盘是创业者必须掌握的一项基本技能。

复盘是对过去的事情进行回顾和总结。复盘时，回顾行动目标，评估实际结果，分析差异原因，总结经验教训。

复盘有诸多好处。它能让我们从过去的经历中学习，避免重复犯错；帮助我们发现优势与不足，以便更好地发挥优势，弥补不足。通过复盘，还能提升管理者的决策能力和解决问题能力，让团队未来面对类似情况时更加从容。同时，复盘促进团队沟通与协作，使团队成员共同成长，为实现目标提供有力支持。

变现策略，实现品牌盈利

随着粉丝积累和账号知名度提升，你可以开店，在平台售卖自己的产品和服务；也可以尝试与合适的广告商合作，通过小清单带货或直播带货等方式，推广你的产品，实现直接收入。

同时，你也可以分享专业知识或经验，为他人提供付费服务。

培养品牌长期经营心态

在线上平台推广品牌不是一朝一夕的事，需要长期坚持和投入，保持创作动力很重要。你可以学习平台上的人气博主的内容模式和互动方式。通过坚持和创新，让品牌逐步获得曝光和用户的认可。

在抖音上找到品牌成就感

抖音是个不可忽视的推广平台。在这里，你不仅是一个企业的代表，更是一个品牌故事的讲述者。作为创始人，利用这个平台让品牌触达受众，需要用心研究和经营。

细分方向：打造与众不同的品牌形象

抖音用户广泛，内容丰富。明确的品牌定位能帮助你锁定目标用户，提升创意内容的效果。比如，选择垂直市场的特定细分方向，能避开高强度的竞争，吸引更精准的粉丝群体。

你就是最好的品牌代言人，要通过真诚和专业的表达赢得用户的信任。利用企业号的特权将你的身份透明化，在昵称和头像上融入品牌元素，这样每次出镜都能强化用户对品牌的认知。

分析竞品并总结它们的优缺点，可以帮助你找到最佳的内容方向。特别是在头像、简介等基础设置上，使用一贯的视觉风格，可让用户记住品牌调性。

生产内容：用真实和创意打动观众

趣味性和创新性是吸引用户的手段之一。作为创始人，你的内容可以兼顾专业和有趣，以此展示品牌故事、产品优势和背后的情感价值。用户喜欢有趣又有料的内容，不妨在抖音上分享你的创业历程、产品设计故事，甚至是日常运营的点滴，以此来拉近与用户的距离。

为了内容更加丰富，可以尝试展示一些幕后花絮，比如产品的制作过程、团队的日常工作等。时刻关注新玩法，拍摄和编辑功能可以提升视频的观赏性。同时，通过标题和封面来引导用户点击，让视频更具吸引力。

用户更喜欢看到真实的创业者，而非完美无缺的企业代表，因此展示自身独特性和真诚很重要。

增加互动：从算法中获得更多流量

抖音会根据视频的互动数据（如点赞、评论、转发等）来进行算法推荐，鼓励粉丝互动是获得曝光的有效方法。你可以在视频中提出问题、进行问答互动，或通过评论区与用户交流，建立一种亲密关系。这既能提高粉丝的参与度，又会让他们对品牌产生好感。

利用抖音的付费推广工具，如Dou+，帮你把优质内容推荐给更精准的用户群体。合理利用这些推广工具，可以将品牌曝光，使互动效果最大化。

设置适合品牌的互动方式，比如活动点赞数的目标、评论区抽奖等，引导用户自发参与，以提高视频的互动率和推荐权重。

产生共鸣：塑造有温度的IP形象

在抖音上，品牌不是个冷冰冰的名字，而是一个具有鲜活个性的IP（影响资产）。创始人可以通过视频内容赋予品牌人格化特征，让品牌与用户产生情感共鸣。抖音上流行的品牌IP往往具有独特的性格，如亲切、幽默、可靠等，这种人格化表达能够让用户更加认同你的品牌价值。

用个性化方式塑造品牌的IP可以增强品牌的生命力，培养忠实粉丝群体。例如，定期策划"品牌创始人日记"系列视频，用第一人称分享品牌运营心得和创业故事。这不仅传达了品牌的专业度，还拉近了品牌与用户的距离。此外，把粉丝的反馈融入IP中，可以进一步提升粉丝的参与感和品牌好感度。

通过清晰的定位、优质内容、有效互动和IP塑造，你可以亲自掌舵抖音运营，带领品牌从无到有、从小到大。这样既能打造品牌，也能与用户建立信任。

创建成本模型，运筹帷幄搭结构

与大公司相比，小微企业更能体会到"不当家不知柴米贵"的艰辛，更需精打细算过日子。正所谓："节省一分钱，等于生产一分钱。"通过创建适合自身业务的成本模型，小微企业能够清晰地看到资金流向，从而有的放矢地优化成本结构，让每一分钱都花在刀刃上。

成本模型的功能

成本模型是一种用于详细记录、分析和管理企业成本支出的工具。它可以帮你把企业的运营成本进行细分，把各个支出项目透明化，找出哪些成本是可以优化的，哪些是必须投入的，从而更好地控制开支和优化资源配置。

在初创期，企业的收入往往难以完全覆盖成本，科学的成本模型可以避免让你在不知不觉中陷入资金短缺的困境。

如何构建成本模型

在构建成本模型时，首先要细分成本的种类，通常可以分为固定成本和变动成本，非日常性的支出也是重要的运营成本之一。

一旦明确了成本类别，就需要详细列出每一项具体支出，并尽量精确地量化。例如，假设你开了一家小型餐饮店，材料成本可能是重要的变动成本；定期的设备维护费则属于固定成本；特殊宣传活动的支出属于一次性成本。

对每一项成本进行必要性分析，评估该项支出对业务的贡献和重要性。成本模型不是一成不变的。市场环境、业务规模和客户需求都在不断变化，你要定期审视并调整模型，确保它能始终反映企业的实际运营情况。

在企业成长的不同阶段，成本模型也会有所变化，你要有意识地更新成本模型，适应变化。

如何优化成本结构

成本模型构建完成之后，接下来就是优化成本结构。这一步该如何进行呢？

精准控制固定成本

小微企业的固定成本相对稳定，但也占了较大的支出比例。比如办公空间的租赁、员工薪酬等是不可忽视的固定成本。你可以利用兼职员工或项目负责制人员，灵活调整人力成本，这也是一种有效降低固定成本的方法。

控制变动成本，提高成本效率

可以通过优化采购流程、提高工作效率等方式来控制可变成本。

131

例如，与供应商建立长期的合作关系，以获得更优惠的原材料价格；或利用数字化工具来精确监控各项支出，避免不必要的浪费。

持续改进，建立成本控制意识

定期检查每项支出的必要性和合理性，在日常管理中不断强化成本控制意识。这样，员工也会逐渐养成成本节约意识，让企业的成本管理更加有效。

当然，成本管理过程中，盲目减少支出或只图短期内降低成本，而忽略长期效益的做法也是不可取的。管理者要避免走入这种误区。

成本管理需要你具备系统的思维方式和灵活的调整能力。有了科学的成本模型和优化策略，你可以保证公司在有限的资金条件下，运筹帷幄，稳步发展。

能量管理，保持创业活力

高强度的工作压力会消耗很大精力。做好能量管理，保持最佳状态，可以让管理者高效决策，提升整个团队的士气，让公司走得更稳健。

能量管理的重要性

在创业初期，为工作奔波、熬夜加班很常见。可持续的透支会造成身心的负担，让人陷入疲惫、焦虑、精力衰退的恶性循环。管理好你的能量，包括如何合理分配和恢复精力。

管理好能量，才能管理好人生。

人的身体和精神状态就像电池，过度消耗之后就需要充电。只有保持电量充足，才能做出理智的判断。人一旦陷入疲惫状态，不仅工作效率下降，还可能出现失误。所以，在你的日常生活中应该注重能量管理。

把握高效工作的"黄金时段"

每个人的精力都会有起伏，找到自己最有精神、思维最敏捷的时段，利用它处理最重要的工作任务很有必要。多数人在清晨和上午精力最充沛，下午会逐渐疲惫。你可以确定哪个时段最适合处理复杂问题，将其作为重要的工作时段。例如，制定公司发展策略、与核心团队成员沟通、洽谈重大合作等关键事务可以安排在这个"黄金时段"处理。

注意避免被琐事或社交媒体分散精力。保持专注，才能真正实现高效。

健康生活，增强体力

要想维持长时间高强度工作，健康的生活习惯不可或缺。规律的锻炼和健康的饮食可以增强体力，保持头脑清晰。

健康生活的几点建议：

1.每天运动：哪怕只是每天散步30分钟，也能帮助你保持良好的体能。运动能改善体质，减轻压力，提高免疫力，让你更好地面对工作。

2.合理饮食：尽量避免高糖、高脂肪的食物，保持清淡、营养均衡的饮食习惯。

3.充足睡眠：不要忽视睡眠的重要性。充足的睡眠能显著提升你第二天的工作状态。建议每晚至少睡够7小时，并尽量保持固定的作息时间。

练习情绪管理，保持心态平和

学习情绪管理有助于保持冷静，避免在压力中失去方向感。当负面情绪来临时，以下几点可以帮助管理者走出情绪阴霾：

情绪识别：负面情绪到来时，可尝试深呼吸，观察自己的情绪。不要回避这种情绪，可以通过记录情绪来剖析其来源，找到解决方案。

换个角度看问题：在面对困难时，试着从不同的角度去看待它，这样会让人更有耐心和韧性。

寻求外部支持：在家人、朋友甚至同事面前，适当倾诉你的压力和烦恼，可以帮助你释放情绪，更好地面对挑战。

有效分配任务，避免过度负荷

管理者不能将所有任务和压力自己承担，做到以下几点，让管理者可以轻松应对，减轻负荷：

明确分工，给予信任：根据每个团队成员的特长和能力，合理安排他们负责的任务。不要试图一人包揽所有工作；信任和授权是管理中的重要环节，把任务分解并交付他人处理，让团队一起成长。

学会拒绝：当遇到不合理的请求或不必要的任务时，学会礼貌地拒绝，这样才能让自己保持专注，不被琐事打扰。

此外，管理好能量需要清晰的方向感。制定长期的目标和计划，可以帮你合理安排各阶段的投入程度，让每一步都清晰、有序。

创业是体力和脑力的双重挑战，保持长久的活力是成功的关键。学会管理能量，合理安排工作时间，培养健康的生活习惯，进行情绪管理和有效分工，让自己在创业路上持续前行。

实现有形资产与无形资产双赢

在创业经营中，赚钱和赢得口碑是密不可分的。赢得客户的信任与口碑能够稳定当前的收入，也能够带来长久的客户资源，为未来的业务拓展铺平道路。你要把盈利与口碑放在同等重要的地位，通过精心设计的客户体验、优质的产品或服务，来实现两者的良性循环。

以质量为基础，打好根基

在创业初期，品牌影响力相对有限，这时候，质量是你最好的营销手段。想要赚钱，首先要让客户觉得你的产品或服务值这个价格，甚至超过这个价格。

细节取胜：细节决定成败，无论是一次送货的准时性，还是对每一位客户的称呼问候，都会让客户在体验中感受到你的用心。用细节来打造企业形象，能给客户留下深刻的印象。

倾听反馈，不断改进：产品和服务要做精细。但质量并非一成不变，你要在客户的反馈中不断优化，主动收集客户意见，并快速做出改进。这是建立良好口碑的重要手段。

让口碑成为无形资产

客户关系的维护是赢得口碑的法宝。这种人际关系可以实现高效的口碑传播。

不要只是简单地进行一锤子买卖。你可以在线上评价中留意并欢迎他们提出意见和建议。哪怕是解决了客户微不足道的小事，也能让其感受到公司的责任心。

对于老客户，你可以在节日时发送一张节日贺卡或优惠券，让他们知道有人在关心他们。

通过微信群或社交媒体群组，可以提高品牌黏性。让老客户在社区中发表意见，解答新客户的问题，形成一个自主的客户互动体系。这不仅能降低你的服务成本，还能让口碑在客户之间自行传播。

用真实案例展现口碑

你可以展示已有客户的成功案例或满意度的反馈来吸引更多的潜在客户。真实的用户反馈比广告更具有说服力，能够让客户产生信任感，提高客户对公司品牌的兴趣。

利用社交媒体分享客户故事：你可以邀请客户分享他们的故事，配上产品或服务的细节，让新客户看到真实的用户体验。这种"口碑见证"会让潜在客户感受到品牌的可信度。

制作客户评价展示板：将客户的反馈和评价展示在官网、店内等显眼的地方，让更多人看到其他客户的认可。这不仅能够增强新客户的信任感，还能让老客户感到被尊重。

视频展示：制作简短的视频，邀请客户表达他们对你的品牌的评价，并分享在网站或社交媒体上。视频形式更加直观，能给客户带来更强烈的真实感。

实现有形资产与无形资产的双赢

赚钱和赚口碑并非相互矛盾。正如俗语所说："金杯银杯，不如老百姓的口碑。"良好的口碑能够吸引更多客户，进而带来更多利润。也如同流行语讲的"口碑爆棚，财富自来"。

有形资产与无形资产二者相辅相成，是能够并行发展的策略。一方面，要注重产品质量、客户关系以及服务态度，通过高性价比和增值服务，让客户获得物超所值的体验；另一方面，要将真实的客户反馈作为无形资产的支撑点，利用口碑传播来实现客户的不断积累以及业务的快速增长。

第八章

创业心理准备

　　创业是一种深刻的自我修炼。你要系统评估个人特质，在兴趣、技能与市场机会的交会处，发现属于你的创业黄金赛道。建立终身学习的成长型思维，管控情绪，在快速迭代的商业环境中保持竞争力。

自我评估，从兴趣、技能或副业中"淘金"

创业意味着新业务的开启，它是一场持久的自我挑战。为了成功而走上这条路，首先要进行深刻的自我评估，从兴趣、技能或副业中找到你的"淘金点"。

自我评估：挖掘自身潜力

你要了解自己的优势、劣势、兴趣点和耐力极限。自己擅长什么？在什么样的环境中表现得最好？你能承受创业的不确定性和压力吗？这种深入的了解会让你更加理性地看待创业，找到一个真正适合的方向。

如何进行自我评估？

评估你的核心技能：从过去的工作、项目或学习经历中找出你擅长的技能。比如，如果你在市场营销方面有经验，你的创业项目就可以围绕品牌推广或数字营销展开。

审视自己的个性：创业需要坚定的意志力和执行力。如果你善于与人沟通，能否在压力下冷静地进行沟通，这种审视可以帮助你明确创业方向。自我了解越深入，你对各种挑战也就越有准备。

找出可改进的地方：列出你在技能和个性上的不足之处，比如财务管理、谈判技巧等。知道自己在哪些方面需要提高，就在创业初期有针对性地学习。

从兴趣中"淘金"：创业的驱动力

兴趣是驱动你坚持创业的重要力量。把兴趣和创业结合起来，可以让你在工作时更加愉悦，也更有动力去克服各种难题。

选择一个让你发自内心感兴趣的行业，深入了解它的趋势、市场需求和未来潜力。如果你对健康与健身有兴趣，可以考虑在这个领域寻找机会，例如，开设健身培训班或提供健康饮食指导。

如果你对某项工作已拥有专业性，这就是你的优势。例如，假设你一直热衷于摄影并积累了丰富的作品，你就可以尝试建立一个摄影工作室或提供摄影教学服务。

单纯的兴趣可能不足以支撑创业，但结合市场需求和创新可以。如果你对环保感兴趣，观察到市场对可持续产品的需求不断增长，你便可以考虑开发环保包装、提供可持续咨询服务等。

此外，技能也是你创业的重要资本，技能带来的不仅是专业性，更是对市场需求的精准把握。当然，市场在不断变化，你的技能也要不断更新。学习新技术或掌握新工具，增强自身的竞争力，确保你的企业在未来能持续发展。

从副业中"淘金"：找到创业的切入口

副业是绝佳的"试水"机会，可以让你在创业前积累经验和人脉，帮你发现哪些产品或服务真正受市场欢迎。很多成功的创业项目源于创始人的副业，因为它提供了低风险、高反馈的尝试机会。

如何从副业过渡到主业

观察副业中的市场反馈：如果你已经从副业中获得了稳定的收入或积极的市场反馈，这说明你的产品或服务确实有需求。比如，你的副业是制作手工香皂，并受到了顾客的喜爱，就可以考虑将其发展为主业。

积累初步的客户群体：副业可以帮你积累一批忠实客户，他们的反馈可以引导你优化产品和服务，在正式创业时少走弯路。

降低风险，探索机会：你可以在不放弃现有工作的情况下，测试创业想法的可行性，积累经验并逐渐扩大规模。当副业逐渐成长为稳定的收入来源时，你就可以考虑把它转为主业。

从兴趣、技能或副业中"淘金"，是你在创业前为自己积累信心、提升能力的重要途径。通过自我评估，你可以了解自己的优劣势，从而选择适合的创业方向。

专业能力储备与更新，打通"隔行如隔山"

创业的过程不只是创意的迸发或灵感的突现，还要有稳固的专业能力来支撑业务的发展。从管理到市场，从财务到技术，专业能力是一位创业者抵御风险、抓住机会的"底气"。在创业过程中，你要时刻更新自己的知识结构，让自己具备应对新挑战的能力。

专业能力的重要性

创业之初，你可能会觉得凭借热情和坚持可以克服一切，可随着创业的深入，你会发现，专业能力无比重要。无论是与客户洽谈、与合作方沟通，还是做产品设计、市场推广，都需要扎实的专业知识支撑。专业能力能帮你解决日常问题，也能帮你应对危机和把握机遇。

专业能力决定了你的核心竞争力，甚至关系到你能否赢得客户的信任。在细分市场或高科技领域，客户和合作伙伴更希望看到专业度。有专业能力的创业者能识别市场需求，有效地解决问题、优化流程等。

学习与更新

知识和技能不是一劳永逸的，创业者需要具备持续学习的心态。

你可以通过多种方式学习：阅读专业书籍，参加行业课程，浏览行业新闻和报告，订阅线上学习资源，这些都是非常有效的途径。

要将学习融入你的日常工作之中，主动跟进行业新动态，了解最新技术和市场趋势。这会让你在创业的每一个阶段都保持与时俱进。

在实践中提升能力

专业能力的提升并非仅靠学习，还需要用实践来巩固。你可以将自己所学知识用到日常的工作中，哪怕是看似简单的任务，也可以提升你的判断和处理问题的能力。

在创业过程中，你会面临计划与现实的差距，遇到意料之外的困难。这时，实践的积累就显得尤为重要。通过分析问题、制订解决方案、总结得失等方式，在实践中锻炼自己的能力，提高业务处理的效率和准确性。

让"隔行如隔山"成为过去式。

学习　实践　寻找导师　寻找伙伴　跨界学习

此外，积极倾听客户的反馈也能帮助你发现自己的不足。他们的需求和体验反馈会让你看到自己的盲点，帮助你找准提升的方向。

寻找导师与合作伙伴

导师和合作伙伴的支持会让你如虎添翼。在遇到不熟悉的领域或困惑时，导师可以为你指明方向，帮助你少走弯路。在选择导师时，要考虑他们的行业经验、职业背景和人脉资源，确保他们能带给你真正的价值。另外，找到具备互补能力的合作伙伴，可以弥补你的短板。

跨界学习与思维融合

作为创业者，依靠单一的专业能力不足以支撑业务的长远发展。跨界学习和思维融合成为拓宽视野和提升竞争力的有效方式。你要积极学习其他领域的知识，理解不同学科的思维方式，并将这些理念试用到你的业务中。

跨界学习有助于打开思维局限。例如，一位在餐饮行业创业的人，需要了解食品安全、餐饮管理等专业知识，还需要涉猎数字营销、客户心理等其他学科。通过跨领域的知识积累，可以更全面地分析客户需求，制定出更具有市场竞争力的策略。

跨界学习也可以激发创新。不同学科的知识融合会带来新颖的创意。你可以将不同领域的知识灵活应用到创业过程中，让你的业务在激烈的竞争中脱颖而出。例如，许多新兴创业公司在发展初期，通过融合数据分析和用户行为心理，成功推出了高度用户化的产品，实现了差异化竞争。

从学习和更新到实践中的提升，从导师的指引到跨界学习的融会贯通，让"隔行如隔山"成为过去式。保持终身学习的心态，以不断更新的专业能力来应对市场变化，你将会成功实现自我突破。

自律超强，你只能自己管理自己

在开始阅读本篇正文之前，你不妨做一下下面这个简短的自律自测题。

你能否每天在规定时间内起床，不拖延？

你能否坚持每天吃健康的食物，拒绝垃圾食品？

你能否每天安排一定时间进行阅读或学习？

当制订了锻炼计划，你能否坚持执行？

面对手机等娱乐设备的诱惑，你能否控制使用时间？

你能否按时完成工作任务或学习作业，不拖延到最后一刻？

你能否定期整理自己的居住或工作环境？

你能否拒绝无意义的社交活动，专注于自己的目标？

你能否为自己设定明确的短期目标和长期目标，并努力实现？

当遇到困难或挫折时，你能否坚持不放弃自己的计划？

上面的测试题包含了一个人日常生活的不同方面，包括作息、饮食、学习、锻炼、自我管理、工作任务、环境整理、社交选择、目标设定以及面对困难的态度等，这些方面基本涵盖了一个人自律的主要表现。如果以上问题你的答案大多是"是"，那么你可能比较自律；如果答案多为"否"，则可能需要在自律方面进一步提升。

自律是一种对自身时间、精力和目标的管理能力，是让你在没有人督促时依然坚定前行的力量。在没有人监督的情况下，真正推动你前行的不是外在的奖励或惩罚，而是你的自律。正如一句老话所说："没有人能替你走这段路，你只能靠自己。"

找到明确的目标

创业的过程中，找到明确的目标是培养自律力的关键。你要问自己：为什么要创业？创业的最终愿景是什么？是财务自由，还是实现个人价值，或是改善行业现状？找到真正驱动你的目标，将它作为动力源泉，这样才能让你自己在遇到挑战时依旧能够坚持。

当目标明确后，可以将它分解为小的阶段性目标，设立每周、每月的任务。在目标的驱动下，你的每一步行动都会变得更加有意义，也更容易保持专注和持续的动力。

养成良好的习惯

每天早起，安排固定的工作时间，制定每周的学习任务。这些习惯会帮助你在创业的压力下依然保持稳定的心态和充足的精力。

有些创业者可能一开始满怀激情，但很快就因外部干扰或内心懈怠而放弃。为了避免这种情况，建议你每天给自己设定一个"固定的工作仪式"，无论是工作环境的布置，还是工作流程的梳理，让自己在心理上进入"工作状态"。这种习惯会强化你的自律，让你快速进入高效的工作模式。

学会取舍与自我约束

在创业的过程中，诱惑和干扰是无处不在的。可能是一个新的商业机会、一个非核心的项目，甚至是朋友邀约的一个休闲活动。每当你想要分心时，请提醒自己：你的精力是有限的，把时间投入非核心事务，会削弱你原本的目标。

拒绝不必要的诱惑并不意味着封闭自己，要有清晰的优先级排序。建议你制定一份"优先任务清单"，并每天进行反思，确保时间和精力的投入是符合主要目标的，避免陷入"忙而无果"的状态。

在社交媒体泛滥的时代，自我约束显得尤为重要。你可以制定一个"无干扰时段"，在此期间关闭社交媒体、邮件通知，专注于手头的核心任务。这样既能提高效率，又能增强你的专注力。

建立积极的反馈机制

反馈机制是自律的助推器。你可以设置奖励和自我反省机制，在达成某个阶段性目标后给自己一个小小的奖励，这既是对努力的肯定，也为下一个阶段注入动力。

当任务完成时，问问自己："是否达到了预期？有什么可以改进的？"这种定期反省不仅有助于业务发展，还能逐渐增强你的自律力，让你更加游刃有余地面对未来的挑战。

另外，和志同道合的伙伴定期交流也是一种很好的反馈方式。分享心得可以获得外部的鼓励和建议，这样的互动能让你更有动力继续坚持下去。

自律力的持续提升

为了进一步巩固自律力，你可以尝试记录每日任务完成情况，定期回顾，了解自己是否行驶在正确的轨道上。这种方法不仅有助于实现创业目标，也能让你清楚地看到自己的成长轨迹，同时寻找创业路上的榜样。通过观察和学习他们的自律方法，你可以获得新的启发，并在实践中逐渐吸收、应用这些方法。

创业是一场内外兼修的挑战。你不仅要应对外界的不确定性，也要管理好自己的内心。自律是你战胜各种困难的核心力量，它帮助你在无人监督的状态下依然保持高效、专注的状态，成就自己的事业。

情绪管理是经营管理的基本功

创业中难免处于高压和多变的情境下，这时情绪管理会直接影响你的判断力和决策力，也会影响你的团队士气和公司文化。管理好自己的情绪，就是在经营过程中为自己加了一道防护屏障。

认识并接受情绪

遭遇失败、受到质疑等都难免会感到挫败、沮丧和焦虑。但情绪并不是敌人，它是大脑对外界刺激的自然反应。当你意识到情绪的产生并接受它们的存在时，你就迈出了情绪管理的第一步。

作为创业者，你要学会定期关注自己的情绪状态。在每天的工作结束后，你可以花几分钟问自己："今天是否感到焦虑、紧张或沮丧？这些情绪来自哪里？"通过自我审视，你能够更清楚地找到情绪的源头，这样在情绪波动发生时，你就能采取更积极的应对措施。

调节情绪：找到适合自己的放松方式

运动、冥想、和亲密的朋友谈心，都可以帮助你减轻内心的负担。很多成功的创业者注重规律的运动，因为运动可以释放压力，帮助大脑释放内啡肽，从而缓解焦虑和紧张情绪。

深呼吸和正念冥想也是不错的选择。特别是在情绪波动较大的时候，深呼吸可以让你的身体和大脑迅速恢复平静。冥想可以让你更好地集中注意力，从而在面对困难时保持冷静，找到更清晰的思路。这些放松方式有助于缓解压力，让你在日复一日的创业过程中保持稳定的情绪。

自我觉察：学会在情绪中冷静思考

情绪波动往往伴随工作而来。比如，面对竞争对手的突袭，客户的负面反馈，甚至是团队成员的分歧，情绪可能都会瞬间爆发。此时，自我觉察就显得尤为重要。这个觉察过程就是提醒自己，情绪虽然存在，但不应让它控制自己的行为。

当情绪上升时，可以给自己按下"暂停"键，问自己："这件事是否真的如我想象的那样严重？""如果我冷静下来，是否会有不同的看法？"通过这种方式，你可以更好地将情绪与理智分开，做出更客观的决策。

处理挫折：把失败当成情绪管理的"试金石"

将失败当作学习的机会。你可以问自己："在这次失败中，我学到了什么？有哪些方面是我可以改进的？"这样的思维方式有助于帮助你从负面情绪中抽离出来，找到积极的应对方式。通过反思和总结，你不仅可以为下一步的行动做准备，还能让自己在情绪的低谷中找到自我激励的力量。

做一个积极的情绪传递者

作为创业者，你的状态、情绪很容易传递给身边的团队成员。在面对团队时，要传递正能量，展现出对未来的信心。当团队成员看到你在困难面前依然冷静、从容，他们会受到感染，进而也会在工作中表现得更加稳定。

在团队中，允许大家表达自己的情绪和观点，这样一来，员工们会感到被尊重，也更愿意敞开心扉。一个情绪稳定、工作氛围浓厚的团队，也会在面对压力时表现得更为从容和强大。

长期修炼

随着你的经验逐渐丰富，情绪管理能力也会逐步提升。最重要的是，永远保持学习的心态，不断总结和改进自己的情绪管理方法。当你能够有效管理情绪，你会成为一个更加成熟的创业者，拥有更好的判断力和决策力。在面对危机和挑战时，你将具备更强大的心理韧性。

只有当你学会冷静应对，心态从容，才能在创业路上走得更加稳健。

情商与沟通是必备的软实力

创业不仅是为了实现商业目标，更是人与人之间的协作、信任与互动。在这样的环境下，情商和沟通是不可或缺的"软实力"，它们不仅影响你的个人表现，也深刻影响着你的公司文化、团队凝聚力和客户关系。

情商与同理心

创业者的情绪状态会渗透到团队，因此，高情商意味着能控制自己的情绪，敏锐地捕捉他人的情绪，找到沟通的最佳时机和方式，激励团队更高效地前行。

在形形色色的客户、合作伙伴和团队成员中，每个人都有不同的需求、动机和背景。拥有同理心，即站在对方的立场去理解他们的感受，能让你更好地应对不同类型的客户，也能更好地协调团队内部的合作。

比如，当员工面临生活或工作上的困难时，你的理解和支持能让他们感到被关心，从而增强对公司的认同感。这种情感连接能够形成一种无形的信任，使团队更加团结，进而提升整个公司的凝聚力。

沟通的重要性：信息的传递与关系的维系

沟通连接着你与团队、客户、投资人、合作伙伴等多方利益关系。清晰有效的沟通能准确地表达你的想法，让他人理解并支持你的目标。你需要具备出色的沟通能力，以保证信息在各方间的顺畅流动，减少误解，提升效率。

首先是对团队的沟通。在创业早期，团队规模较小，信息传递的效率显得尤为重要。你需要明确地传达公司愿景、任务和目标，确保每个人都理解并认同公司的发展方向。让团队成员感到参与其中，能让他们清楚自己的任务和角色，工作起来更加高效。同时，开放式的沟通氛围也能让团队成员更自由地表达他们的想法和建议，增进团队协作。

对外的沟通也至关重要。比如，与客户沟通时，你的语言表达要清晰、简洁，切忌夸大其词，给人留下不可靠的印象。与合作伙伴或投资人沟通时，你的陈述应当富有逻辑性和说服力，展现你对业务的深度理解。你所传递的每一个信息都是公司形象的一部分，沟通的质量直接影响外界对公司的信任和信心。

良好沟通的技巧：聆听与反馈

在创业经营中，从聆听角度，要认真倾听客户、合作伙伴及团队成员的意见。面对客户，仔细聆听其需求和反馈，能更好地改进产品或服务。与合作伙伴交流时，专注倾听有助于发现更多合作机会。对于团队成员，用心聆听他们的想法和建议，能增强团队凝聚力。

从反馈角度，对客户要及时回应，让他们感受到被重视。向合作伙伴提供明确的合作进展反馈，促进合作顺利进行。对团队成员给予积极的反馈和建设性的意见，激励他们成长。良好的聆听与反馈能助力创业者在经营中准确把握市场需求，建立良好合作关系，推动企业不断发展。

持续提升情商与沟通能力：成为一个更出色的创业者

创业的过程就是情商的历练过程，通过一次次沟通与交流，遇到不同性格、需求的人，你的情绪处理能力和沟通技巧都会不断提升。

每次与客户、团队、合作伙伴的交流，都是一个提高情商和沟通技巧的机会。将自己在交流中的每一个小细节和情绪反应进行总结和反思，你会逐渐发现，沟通不仅仅是技术，更是一种感知他人、体会人性复杂性和独特性的艺术。

通过情商来理解他人，通过沟通来达成共识，这种软实力能帮你在市场中建立更加坚实的合作关系和品牌形象。

持久战是成就事业的基本认知

　　创业是一场持久战，要有持续的热情、战略战术、不断学习改进的心理准备。这是成就事业的基本认知，也是许多成功企业家共同的心态。

创业是持久战，速成心态难以为继

　　快速致富是少数幸运的特例。大多数创业者要在路上经历许多曲折和失败。把创业视为持久战是一种清醒的认识。市场竞争加剧，客户需求不断变化，技术日新月异，想要在市场中站稳脚跟，就要做好长期战斗的准备。

　　许多创业者在初期投入大量精力、资源，期待迅速见到成果，可当遇到挫折和瓶颈时，耐心很快消磨殆尽。你要明白，创业是一个不断学习、不断试错的过程，需要你逐步积累资源、优化产品、打磨团队，并不能一蹴而就。

稳定心态：抵挡诱惑与焦虑

　　诱惑和焦虑时常会打乱你的节奏。听到同行成功的消息，或是一些热门项目的爆红，都会让你产生浮躁的情绪，或是想改变既有的方向。但如果你认可自己的思路和做法，就能更好地抵御这些外部的诱惑。你会更加专注于自己的发展路线，不会因为短期的市场风向而偏离长期目标。

当你面对客户流失、市场低迷或资源紧张等挑战时，这种心态会提升你的抗压能力，使你在关键时刻做出更清晰的决策，不至于仓促决定。

建立长期目标：分步实现愿景

一个明确的长期愿景是你坚持的动力，但愿景通常是宏大的，你需要将它分解为不同的阶段目标，通过一次次小胜，逐步接近终点。

把创业视为持久战是一种清醒的认识。

例如，你可以把第一阶段设定为"产品开发和测试期"，第二阶段设定为"初步市场推广期"，第三阶段设定为"扩大市场份额"。每个阶段目标的实现都会带来成就感和满足感，鼓舞你继续前进。分阶段的管理也让你更有方向感，即使遇到瓶颈，也能回顾和总结，不断修正计划，减少盲目感。

坚持创新：适应市场变化

在创业过程中，你需要持续创新、与时俱进。你会明白，不断创新不是选择，而是必须。这既体现在产品和服务上，又体现在商业模式、运营方式和营销策略上。

创新的同时，你要保持足够的灵活性，能够在面对新情况时快速调整。比如，当一种推广方式效果下滑时，你可以通过数据分析找到新的有效方式。当市场需求发生变化时，你也能迅速调整产品策略，以保持市场竞争力。如此在变化中找到新的增长点。

培养团队：保持持久的战斗力

要想在这条路上走得更远，你就要打造团队。你要关注团队成员的成长和需求，建立企业文化，让他们有归属感，愿意与你共同奋斗。当团队遇到挫折时，你要及时提供支持，帮成员调整心态，重拾信心。此外，为了保持团队的战斗力，你还要提供持续的学习机会，让他们的能力随着公司的发展而提升。

创业的路上没有捷径，只有稳扎稳打、坚持不懈。你要以平和、务实的态度面对每一次挑战，不要因一时的失败而气馁，也不要被一时的成功冲昏头脑。持久战心态会让你在风雨中坚定前行，收获真正的事业成就。

第九章

"小而美"创业避坑指南

在"小而美"创业之路上，风险无处不在，如市场变化、资金压力、竞争挑战等。我们要学会规避风险，精准定位，控制成本，打造核心竞争力。同时，要明白该学的东西还很多，不断学习营销、管理等知识，持续提升自我，让创业之路更顺畅。

你永远赚不到认知之外的钱

在商业世界中，财富的积累离不开认知水平的高低。你永远无法赚到认知之外的钱，这是个不争的事实。每个人对商业的理解程度都不同，有些人只是看到了表面的产品和生意，而有些人却能洞察到产品背后的用户痛点、商业模式和产业链条。就像不同的人看一幅画，有的人只看到了色彩，有的人却能读懂作者想表达的情感和创作这幅画的时代背景。所以，想抓住机会，首先要提升自己的认知维度。

在学习过程中要建立正确的学习方法，带着问题去学更有效果。比如你想进入某个行业，就应该先问：这个行业的价值链是如何构成的？利润来自哪里？头部企业是如何建立竞争壁垒的？只有带着具体问题去学习，才能将学习能力真正转化为实战能力。

然后，从你现有的认知范围内，先找到一个小的切入点开始做，同时保持开放和学习的心态，让认知和实践相互促进。就像爬山，你不需要一开始就知道整座山的地形，但每爬一段都要驻足观察，吸取经验，看清下一步的方向。记住，创业不是考试，没有标准答案，但你的认知高度决定了你能走多远。要始终保持这样的警醒：如果你对一个领域的理解还很浅薄，就不要轻易投入大量资源。

请用两句话讲清"盈利模式"

盈利模式说到底就是两句话：第一，你能用低于客户支付意愿的成本，解决客户真正愿意付费的痛点；第二，你能以可持续的方式把这个价差规模化。听起来简单，但每一个环节都暗藏玄机。

比如，很多创业者误以为用户需求就等于支付意愿，结果辛辛苦苦做出来的产品没人愿意掏钱；还有人只看到了当前的价差，没看到竞争加剧后成本上升、价格下跌的趋势，结果赚了半年就开始亏损。

当然，发现用户的付费意愿并控制好成本还远远不够，这只是盈利模式的基础。真正优秀的盈利模式还要考虑以下三个关键问题：

第一，竞争门槛，你的成本优势或者针对用户痛点的解决方案是否容易被对手复制？

第二，规模效应，你的边际成本是否会随着规模扩大而降低，是否会因为运营压力变得越来越高？

第三，演进空间，这个盈利模式能否随着市场变化不断优化升级，而不是昙花一现？

盈利模式不仅要让你今天能赚钱，还要让你明天赚得更多，后天能持续赚下去。很多创业者在早期容易被短期盈利蒙蔽了双眼，忽视了模式的可持续性和成长性，这是非常危险的。

创业就能发财？

创业确实可能带来高回报，但这个"可能"的概率其实很低。根据统计，90%以上的创业都以失败告终，即便是存活下来的企业，能真正让创始人实现财富自由的也只是少数。

通常来讲，你看到的都是"贼吃肉"，没看到"贼挨打"。所以很多人把"创业"等同于"发财"，这是个很大的认知误区。创业的本质是创造价值，而不是创造财富，财富只是创造价值后的副产品。

如果单纯为了发财，其实有很多风险更低的选择：提升专业能力、投资理财、在优秀公司做核心岗位等。真正适合创业的人往往是在某个领域深耕多年，看到了明确的市场机会和价值创造空间，同时具备相应的能力圈和人脉资源的人。

创业就像种树，在选对了土壤（市场）、种子（项目）和季节（时机）的同时，你还得有养护的能力（经营），这样树才可能长大开花。更重要的是，你要有承受"种树"过程的耐心和抗压能力，因为创业路上的孤独、压力和挫折，远比你想象的要多得多。所以，比起"创业能不能发财"，更重要的是问问自己："我准备好了吗？我能坚持多久？如果最终失败了，我能否接受这个结果？"

多点儿匠心，少点儿匠气

匠心和匠气是两个不同的概念。匠心代表一种开放进取的精神，追求卓越且不拘泥于传统；而匠气则是一种自我束缚，常表现为固执保守、缺乏灵活性。

例如，面对智能手表的冲击，具备匠心的传统钟表匠人会思考如何融合传统工艺与现代技术，为用户提供更新颖的体验；而陷于匠气者则可能坚持认为只有纯机械表才是真正的钟表，拒绝做出改变。匠心是在坚守品质的基础上拥抱创新，而匠气则是把自己困在过去的成就中，最终可能被时代淘汰。

要破除匠气，关键在于勇敢打破"我们一直是这样做的"的思维定式。匠心与匠气虽仅一字之差，却代表了不同的境界。两者的差别在于是否真正投入心血、付出真情实感。选择，往往决定了最后的成就。

作为创业者，你需要明白，匠心是一种追求极致的态度，但极致并不意味着完美，更不意味着一成不变。真正的匠心体现在执着于为用户创造价值、敏锐把握行业发展趋势，以及在创新中保持对品质的坚守。这不是将自己禁锢在某些"完美标准"里，而是始终关注市场需求的变化，积极探索，避免被市场变革抛在身后。

别急着扩张

创业公司最容易犯的错误之一就是把"短期增长"误读为"扩张信号"。不是所有的增长都值得扩张，不是所有的扩张都能带来增长。很多创业公司在尝到一点儿甜头后就急于扩张，结果就像给婴儿穿大人的衣服，不仅穿不出效果，反而会影响正常发育。

在扩张之前，你必须搞清楚：目前的增长是偶然性机会，还是可持续的商业模式？你的管理体系、运营流程、企业文化能否承载更大的规模？如果这些基础都没夯实，贸然扩张很可能把好局面搞砸。

判断是否具备扩张条件，要看"三个基本面"是否稳固。第一个是业务基本面：你的商业模式是否已经被充分验证，不仅要看营收数字，更要看增长的可持续性和可复制性。第二个是管理基本面：你的团队、流程、文化是否已经形成稳定的体系，能否在规模扩大后依然保持高效运转。第三个是财务基本面：你是否有足够的现金流支撑扩张周期，能否承担扩张过程中的各种意外开支。最重要的是，不要被竞争对手的扩张步伐干扰。在商业竞争中，死于"过度扩张"的案例远多于"错失扩张"。

真正成功的扩张是水到渠成的结果，而不是强行推动的过程。当你把精力放在夯实基础、优化流程、提升效率上时，扩张的时机自然会来。

谨防高估能力，错估人品

创业者在识人时，有时会被表面的能力光环迷惑，忽视了对人品的深入考察。能力是显性的，容易判断，但人品是隐性的，需要时间来检验。很多创业者在选择合伙人时，过分看重短期业绩，被漂亮的PPT、华丽的履历，甚至是几个暂时的业绩打动。在商业世界里，能力或许能带来短期收益，但人品却决定了长期发展。

判断一个人要看"四个细节"。第一，看专业度：不要被表面的口才所迷惑，要深入了解他在专业领域的真实造诣，可以请行业专家帮你考察。第二，看历史轨迹：认真了解他过往的真实经历，特别是他离开前一份工作或合作的原因和方式。第三，看处事方式：观察他如何对待下属，如何处理矛盾，如何看待利益分配，这些细节往往最能体现一个人的品性。第四，看核心动机：弄清楚他为什么要和你合作，是真心想一起创业，还是把你当作临时的跳板？

真正优秀的人，能力和人品往往是相匹配的。正所谓"见人见心见细节"，在商业合作中，宁可错过一个有能力的人，也不要错信一个品行有问题的人。

资源有限就真的干不了吗

在创业初期，资源不足是显而易见的。但这并不意味着你不能开始创业，关键是你要学会用战略性思维来规避资源短缺的风险。比如，你可以选择轻资产创业模式，先从线上业务做起，从知识付费、技能变现或者小型电商起步，这些都不需要太多启动资金。很多成功的企业最开始也是在家里或地下室创业的。

另外，很多免费或低成本的工具、平台可以帮助你快速启动业务，如社交媒体营销、开源软件等，都能帮你省下不少成本。很多时候，资源有限会逼得你更专注、更谨慎，反而能避免盲目扩张带来的风险。很多创业者在资金充裕的情况下反而容易忽视成本控制，最终造成更大的损失。

在创业过程中，人脉资源也是非常重要的，但你要明白，优秀的产品和服务是赢得合作伙伴的关键，与其纠结人脉资源不足，不如把精力放在提升自己的核心竞争力上。当你的产品或服务足够好时，自然会吸引志同道合的人。你可以通过参加行业交流会、创业者社群、线上论坛等方式，逐步建立自己的人脉网络。记住，真正有价值的人脉都是在解决问题的过程中建立起来的。而且，现在创业生态已经非常成熟，有很多创业服务平台可以帮你对接资源。比如创业孵化器、众创空间等，都能为你提供人脉资源。

他那样的都能赚钱，我差在哪里

看到能力似乎不如自己的人都能成事，确实会让人感到困惑和焦虑，但这个想法本身可能暗藏着几个误区。

首先，你对"能力"的理解是否过于片面。创业成功需要的是全方位的能力，不只是专业技能。那些看似不如你的创业者，可能在市场嗅觉、经营策略、团队管理等其他方面有着独特的优势。

其次，"能做好"和"能卖好"是两回事。市场需要的不一定是最好的产品，而是最适合的产品。有些看起来很一般的产品能成功，恰恰是因为它们更准确地抓住了用户的真实需求，且定价恰当。

最后，对他人的轻视往往会让我们忽略自身的不足。与其把注意力放在评判别人上，不如静下心来反思：我是否真的了解市场，我的产品是否真的满足用户需求？

创业本质上就是要在市场中找到自己的位置。你要认清一个现实：市场不会因为你的"优秀"而对你网开一面。再好的产品，如果没有市场接受度，也只能是实验室里的精品。创业不是追求完美，而是要在理想和现实之间找到平衡点。

"肯定赚钱"不能信，"肯定赔钱"值得听

承诺"肯定赚钱"往往掩盖了潜在风险。有时，你可能会被标榜"稳赚不赔"的项目吸引，它们总会伴随着精心包装的数据和成功的故事。就像在告诉你，成功就在眼前，可现实却要复杂得多。创业从来不是只有收益、没有风险的事，"肯定赚钱"忽视了市场的波动性。

真正懂行的人不会轻易地做出"稳赚"的承诺。相反，他们会提醒你注意市场的不确定性、消费者需求的变化和潜在的竞争，给你一个更全面的分析。因此，当你遇到声称"肯定赚钱"的项目时，最好保持警觉，进行多方面的调查和理性的评估。

而"肯定赔钱"的言论往往是出自对行业风险的深入分析，有时反而对你更有帮助。敢于直言风险的人，通常是出于对行业的深刻理解，甚至可能亲历过失败。这类建议听上去有些刺耳，却能给你提供规避风险的参考。

举例来说，如果有人告诉你某个行业目前竞争激烈、投入大但回报慢，不妨认真考虑他的建议，研究他为什么会得出"赔钱"的判断。这并不一定代表项目完全不可行，而是提醒你在进入时要更加谨慎。

"一口吃成个胖子"的贪心要不得

创业的每一步都需要稳扎稳打,"一口吃成个胖子"的心态往往会带来过高的风险。如果你想上来就迅速抢占市场、扩大规模,甚至把多个领域都囊括进来,很可能会导致资源分散、超负荷运转。在这种心态下,人容易忽视基础建设,比如产品的质量、服务的完善以及客户的反馈。

一步步积累不仅能帮你夯实品牌根基,还可以通过逐步调整与优化,找到适合的发展路径。别忘了,真正成功的企业大多是从一个小领域起步,再循序渐进地扩展的。打牢基础比急功近利更重要。

最好的方法是采取"小步快跑"的策略,从小规模、低风险的试点项目开始。你可以先把重点放在一个产品或服务上,专注于提升它的竞争力和客户满意度。一旦这个小市场稳住了,再考虑扩展到其他领域,这样做可以帮助你积累经验、不断试错,从而更稳健地成长。

创业是一场耐力赛。稳扎稳打的小步伐反而能让你走得更远,让你在成长中逐渐成熟,避免因贪心而导致资金链断裂或品牌形象受损。

"开源"和"节流"同等重要

"赚钱"和"管钱"这两项能力都很重要，但通常我们容易忽视后者。就像经营需要专注一样，理财也需要规划。你可以从最基本的收支记录开始，把每一笔支出都清晰记录下来，定期复盘分析。

创业初期，很多人在有了收入后容易放松警惕，随意扩大支出。建议你列出支出清单，严格区分什么是维持运营必需的，什么是可以暂缓的，这样能让资金使用更有效率。即使是盈利的企业，也可能因为现金流断裂而倒闭。你可以预估未来3~6个月的收支情况，提前做好资金储备，避免资金周转不灵的风险。

当然，在创业过程中也不要过分节省。赚钱和管钱就像是自行车的两个轮子，缺一不可。过分强调节约而忽视了业务发展，可能会错失更大的市场机会。

正确的做法是在确保合理支出的同时，不断提升企业的盈利能力。很多时候，适度的投入反而能带来更大的回报。比如在团队建设、产品研发、市场推广等关键领域，合理的投入是必要的。关键是要建立起投入和产出的评估机制，确保每一笔支出都能创造价值。

"利不可独，谋不可众"的古训依然管用

企业要发展壮大，需要合作伙伴。但如果决策者太多，反而会影响效率，因此要把握好这个度。

在创业初期，最重要的是找准方向、验证模式。这个阶段，个人决策往往比集体决策更有效。你可以找经验丰富的前辈当顾问，但核心决策权最好掌握在自己手里。很多创业者为了快速扩张，一上来就拉很多合伙人，结果因为理念不同、责权不清，反而把事情搞砸了。

利益可以共享，这样能调动大家的积极性。你可以通过股权、分红等方式让核心团队共享收益，但日常经营决策最好由你和最核心的一两个合伙人来把控。合伙人模式是优势互补、分工明确的，比如一个人负责产品，一个人负责运营，一个人负责市场，各自都有清晰的责任范围和决策权限。但也一定要有一个最终决策者。很多创业团队之所以失败，就是因为各执己见，谁都想说了算，最后反而谁都做不了主。

团队要在发展中逐步成形。与其一开始就拉很多合伙人，不如先把基础打好，在发展过程中逐步物色真正合适的合作伙伴。真正优秀的合伙人都是在共事中培养出来的，而不是一开始就能找到的。

挣了点儿钱就飘飘然了

当你的项目开始盈利，你的资产开始增长，一种微妙的变化就可能悄然发生。你会觉得自己比别人更有远见，开始轻视竞争对手，忽视客户的反馈，甚至开始放松对市场的警惕。

但市场就像一面镜子，它不会因为你赚到了一点儿钱就对你网开一面。当你开始骄傲自满的时候，也可能是你即将遭遇挫折的时候。多少曾经风光无限的创业者就是在这种自我膨胀中逐渐失去了最初的冷静和谨慎，最终付出了惨痛的代价。

创业者应该始终保持如履薄冰的心态。把每次成功都看作新的起点，常问自己：这个成功是否可持续？有什么潜在的风险？团队是否还有拼劲？这种自省能让你始终保持警醒。不要因为一些盈利就随意扩张或冒进，每个决策都要经过严密的分析和论证，保持理性和克制。

钱只是创业过程中的一个副产品，不是全部。保持对产品的极致追求，对服务的专注，对团队的关怀和尊重，这些才是企业能够基业长青的根本。真正的成功不是赚到了多少钱，而是在赚钱之后依然能够保持清醒的头脑和谦逊的心态。要把每一分收获都变成前进的动力，而不是变成止步不前的理由。

短板不能太短，长板必须长

创业团队好比一个木桶，盛水量取决于最短的那块木板。但要想在市场竞争中胜出，又必须有显著的竞争优势，那就少不了"长板"的助力。假设你开了一家科技公司，技术研发是你的长板，但如果财务管理这个短板差到连工资都发不出来，再强的技术优势也无法持续。所以短板管理的核心是确保基础运营不会出现致命问题。

在找出企业的长板和短板后，你要给短板定一个"及格线"，确保达到基本运营标准。比如财务管理要做到账目清晰、资金链安全；HR要建立基础的招聘和培训体系。在打造长板优势时，假如你的产品创新能力强，就持续加大研发投入；如果是渠道建设出色，就不断扩大销售网络。把短板补到及格线，长板尽量做到领先，这样既能确保企业稳健运营，又能形成独特的竞争壁垒。

在创业阶段，把所有板块都做到极致不现实，这样也会分散资源，影响核心竞争力的打造。要把握节奏，讲究策略，既不能被短板拖累，也要让长板变得足够突出。

多条腿走路，小心无路可走

创业初期最宝贵的是资源，包括资金、人才、时间和精力。"多条腿走路"会导致资源过度分散，每个方向都投入不足，最终可能导致所有业务都做不深、做不透。就像你同时种了很多棵树，但每棵树都缺少足够的养分和照料，结果可能每棵树都长不好。创业初期最重要的是找准一个方向，集中火力把它做到极致，而不是同时布局多个领域。

开展新业务的前提是主营业务已经站稳脚跟，有稳定的现金流和成熟的管理体系；新业务与主营业务有明显的协同效应，能共享资源和客户群；你有足够的团队和资金储备，新业务的开展不会影响主营业务的正常运营。

如果你现在经营着一家餐厅，想要同时开网店、做食材供应、办培训课程，表面上看这些都是相关业务，但每个方向都需要独立的运营团队和资源投入。与其面面俱到但都做不好，不如先把餐厅经营好，形成品牌效应后，再考虑拓展其他业务。

聚焦不是限制发展，而是为了更好地发展。当你在一个领域做到足够强大时，开展新业务才会更有实力和底气。

"不好意思""抹不开面子"怎么办?

在商业世界中,"面子"是一种奢侈品,而不是必需品。"不好意思"就是在用未来的发展机会和团队的生存来换取一时的舒适感。换个角度想,你的产品如果真的能为客户创造价值,主动推荐其实是在帮助他们;谈判是为了实现双方的合理利益;寻求帮助也是给别人展示信任和机会。商业活动中的"不好意思"往往来自对自己价值的怀疑,克服它的关键是建立自信,相信你提供的产品和服务是有价值的。

若在现实中感到压力,你可以尝试从小事开始,逐步建立信心。先给自己定一个"小目标",比如每天主动向一个陌生人介绍你的产品,可以从最熟悉的产品特点说起,慢慢过渡到价值主张。在要价方面,不要把它看作"求人",而要看作"专业定价"。

记住,在创业过程中,"丢面子"远比"丢机会"要好得多。很多成功的创业者有过被拒绝、被质疑的经历,但正是这些经历让他们变得更加坚强。当你把注意力放在为客户创造价值上时,那些"面子"问题自然会淡化。

成功不可复制，失败可以吸取

每个成功的创业故事都包含了太多不可复制的变量：市场时机、创始人的特质、团队协作、社会环境等。比如，你可能听说某个创业者通过社交电商迅速崛起，当你想要照搬他的模式时，却发现市场环境已经变了。

然而，失败的经验却总是具有普遍性和警示意义。比如现金流管理不善、团队矛盾处理不当、市场调研不足、扩张节奏过快等。每个创业者都可能踩到这些坑，而他人的失败经验恰恰能帮你规避这些风险。

面对成功案例，你要学会学习其思想，而不是照搬其形式和方法。比如，不要简单模仿别人的商业模式，而是要深入理解他们成功背后的核心逻辑：如何洞察用户需求？如何建立竞争壁垒？如何打造团队文化？这些思维方式和决策逻辑才是真正值得学习的。

对于失败案例，要建立系统的复盘机制。你可以把收集到的失败案例分类整理，如战略决策类、运营管理类、团队建设类等，并深入分析每个失败案例背后的具体原因。更要思考这些问题在你的创业项目中是否也存在，提前做好预防。

打不垮的耐挫力是软实力

　　创业路上，你会遇到数不清的挫折和困难。投资人的拒绝、客户的流失、团队的动荡、产品的失败，这些都是家常便饭。但真正的创业者就像一棵顽强的小草，无论怎样风吹雨打，都能重新站起来。

　　创业者要培养和提升自己的耐挫力。首先，要建立正确的认知框架。创业本身就是一个充满不确定性的过程，把挫折视为成长的养分，而不是视为前进的阻碍。其次，要培养解决问题的思维方式。每次遇到困难时不要一味抱怨，而是要冷静分析问题的本质，找到切实可行的解决方案。再次，建立强大的支持系统，包括志同道合的合伙人、理解并支持的家人，以及可以交流经验的创业者社群。最后，要学会自我调节，保持身心健康。适当的运动，充足的休息，以及定期的自我反思，都能帮助你提升抗压能力。

　　要明白耐挫力是在一次次跌倒爬起中锻炼出来的。真正的创业者不是没有失败，而是在失败中学会了成长，这才是打不垮的核心所在。所以，当你遇到挫折时，请记住：这不是终点，而是新的起点。唯有经得起挫折的磨炼，才能成就一番事业。

快速的知识更新，方法储备很重要

固守过去的认知和方法很容易被市场淘汰。举例来说，五年前，你对数字营销的理解可能还停留在简单的社交媒体投放上，但现在，如果你不了解私域流量、短视频营销、用户增长等新概念，就很难在竞争中占据优势。作为创业者，你要像海绵一样，不断吸收新知识、新方法。

你要建立系统化的学习框架。比如每周在固定时间阅读行业报告，参加专业培训，订阅优质的信息源。再者，要培养知识转化能力，把新知识转化为实际可行的方法。建议你建立个人的知识管理系统，将获取的信息分类整理，定期复盘和更新。

要注重跨界学习，因为很多创新往往来自不同领域的碰撞。你可以多参加不同行业的交流活动，拓展思维边界。对新方法要敢于尝试，快速验证其实用性。

不要为了学习而学习，而是为了解决实际问题而学习。你要对标企业发展的真实需求，有针对性地储备必要的知识和方法。在这个过程中也要注意效率，不要被信息海洋淹没，而是要学会筛选真正有价值的内容。储备的知识和方法就像你创业路上的"武器库"，让你在各种挑战面前都能从容应对。

成为时间管理大师

对于创业者而言，时间可谓极度稀缺。每日都要面对产品研发、团队管理、客户维护以及与投资人沟通等繁杂事务。倘若不能良好地管理时间，就会陷入"救火式"的工作模式，被突发状况左右，还会丧失战略思考的空间，致使企业发展方向模糊不清。

时间的价值直接决定着公司的发展速度，处理低价值事务实则是对关键资源的一种浪费。优秀的创业者深知时间的复利效应，他们是时间管理的高手。

提升时间管理能力可借鉴四象限法则，对于重要且紧急的事情要亲力亲为，对重要但不紧急的事情需预留充足时间进行规划，将紧急但不重要的事情学会授权他人去做，果断砍掉既不紧急也不重要的事情。

建立高效工作流程也很关键，如在精力充沛时做重要工作，集中处理相似工作，预留机动时间，善用效率工具。要培养"时间把关人"意识，建立团队授权机制，定期进行时间审计，像对待投资一样对待时间，让每一分钟都产生最大价值。

放不下创始人的包袱

很多人从创业开始就不自觉地给自己戴上"创始人"的帽子，认为自己应该是公司最懂决策的人，必须事事亲力亲为，重要决策必须由自己拍板。这种心态看似负责，实际却是一种无形的枷锁。当你过分强调这个身份时，就容易陷入几个误区：一是难以授权，事必躬亲，导致工作效率低下；二是容易形成"一言堂"，压制团队的创新活力；三是把个人情绪和公司发展过度绑定，让决策失去客观性。

其实，创始人并不是"全能者"，你的职责是搭建平台、激发团队潜能。要学会区分哪些是必须由你决策的事情，哪些是可以放手让团队去做的事情。不要因为是创始人就随性决策，而是要建立起完善的决策流程，让决策建立在数据和团队智慧的基础上。同时，要敢于承认自己的不足，主动寻求团队和外部专家的帮助。

公司的成长需要"去创始人化"，把个人英雄主义转变为团队协作精神，当你能放下创始人的包袱时，反而能收获更大的成长空间。真正的创始人价值不在于控制一切，而在于成就一切。放下包袱不是放弃责任，而是用更开放和包容的心态来带领团队，让企业真正实现可持续发展。

技术解决不了一切

有些创业者认为，只要技术足够强大，产品足够完美，其他问题就会迎刃而解。但事实往往出人意料：最好的技术不一定能打造最成功的产品，最完美的产品也不一定能赢得市场。比如，你可能花了大量时间优化算法，但用户可能更在意界面是否容易上手；你也许在技术架构上精益求精，但客户可能更关心售后服务是否到位。

技术只是创业的一个维度，而不是全部。市场需求、用户体验、商业模式、团队管理、企业文化等，都是决定创业成败的关键因素。所以，当你做出每个技术决策前都要问自己：这个技术投入能给用户带来什么价值？能为公司创造多少收益？投入产出比是否合理？避免为了技术而技术的思维定式。

不要闭门造车，要多听听用户的真实反馈。有时候，一个简单但实用的解决方案可能比一个复杂完美的技术方案更受欢迎。要学会在技术理想和市场现实之间找到平衡点。最重要的是，要培养跨领域的能力。尝试去了解市场营销、财务管理、人员管理等其他领域的知识。记住，作为创始人，你的职责不只是做好技术，更要整合各种资源，解决各类问题。

不看天时，一心赶路

　　"不顾一切向前跑"的创业态度看似很励志，实际上却是把双刃剑。想象一下，你开车赶路，如果不顾天气状况，在暴风雨中依然高速前进，表面上看是坚持，实际上是用鲁莽代替了智慧。创业也是如此，市场环境就像天气，盲目冲刺可能损耗资源，更可能错过转型升级的最佳时机。你既要有保持前进的勇气，也要有审时度势的眼光。

　　种地不能只看天气预报，坐等好天气，但也不能对天气视而不见，硬要下地。高明的做法是一边积极准备，一边敏锐观察。在创业的过程中，与其苦等完美时机，不如做到"工夫在诗外"：在市场不景气时磨炼内功，积累资源，优化流程；在行业转型时主动求变，提前布局，储备人才。这样，当机会来临时，你已整装待发；即便机会尚未到来，你也在不断进步。所以关键不在于要不要看"天时"，而在于如何在坚持中把握节奏，在奔跑中保持清醒。这样，才能既不错过机遇，又不被市场淘汰，走出一条属于自己的创业之路。